"不忘初心 缅怀先烈"丛书

陈 新 张采鑫◎主编

巾帼豪杰化长虹
向警予

曹立伟 著

花山文艺出版社

河北·石家庄

图书在版编目（CIP）数据

巾帼豪杰化长虹：向警予 / 曹立伟著. —石家庄：花山文艺出版社，2023.1（2025.1 重印）
（"不忘初心 缅怀先烈"丛书 / 陈新，张采鑫主编）
ISBN 978-7-5511-6037-7

Ⅰ．①巾… Ⅱ．①曹… Ⅲ．①传记文学－中国－当代
Ⅳ．①I25

中国版本图书馆CIP数据核字(2022)第012151号

丛 书 名：**"不忘初心 缅怀先烈"丛书**
主　　编：陈　新　张采鑫
书　　名：**巾帼豪杰化长虹——向警予**
　　　　　Jinguo Haojie Hua Changhong —— Xiang Jingyu
著　　者：曹立伟

策　　划：张采鑫　王玉晓
特约编辑：王福仓
责任编辑：申　强
责任校对：李　鸥
封面设计：书心瞬意
美术编辑：王爱芹
出版发行：花山文艺出版社（邮政编码：050061）
　　　　　（河北省石家庄市友谊北大街330号）
销售热线：0311-88643299/48
印　　刷：北京一鑫印务有限责任公司
经　　销：新华书店
开　　本：700毫米×1000毫米　1/16
印　　张：7.25
字　　数：95千字
版　　次：2023年1月第1版
　　　　　2025年1月第5次印刷
书　　号：ISBN 978-7-5511-6037-7
定　　价：39.80元

Contents 目 录

引　子

向警予有三个名字。第一个名字叫九九，这是因为她排行老九，上面有八位兄姐，其父向瑞龄顺其自然便给她起了这个名字。九九美丽可爱，乖巧聪慧，深得父母和兄姐们的疼爱，家人把她视若掌上明珠，大家都说："这是老天爷对向家的眷顾，天上掉下个小九妹啊！"第二个名字叫向俊贤，这是她冲破重重阻力走进公学就读，老师征求家长意见给起的，取英俊贤淑之意，一个十分令人羡慕的女孩子的学名。第三个名字就是广大读者熟知的向警予了，这是她考进周南女子师范学校后给自己改的名字，为警示自我、鞭策自我之意。从那时起，她便做好了为多灾多难的国家和同胞投入革命，并为之奋斗终生的充分思想准备。

向警予自幼喜欢听故事和读故事书，尤其喜欢听《水浒传》等英雄好汉起义的故事，喜欢读《离骚》《木兰辞》等带有革命性倾向的正气凛然的图书和文章。后来，她又从长兄那里读到了《民报》《新民丛报》《警世钟》《猛回头》等革命书刊，向警予被这些书刊中的革命思想和爱国情怀深深感动了。再后来，她又先后结识了毛泽东和蔡和森等革命青年，对人生的追求目标一天比一天清晰起来。

1919年12月25日，向警予和蔡和森等30余人从上海登船，启程赴法国勤工俭学，寻找革命真理和革命道路。

在法国，向警予与蔡和森走进婚姻殿堂，被毛泽东称为"向蔡同盟"。此间，向警予极大地开阔了眼界，增长了见识，确立了坚定的人生信仰，即马克思主义。1922年初，向警予加入了新生的中国共产党，成为最早的女性党员之一。

随着时间的推移，向警予的思想越来越革命，信仰越来越坚定。她是中国共产党第一位女中央委员，党中央第一任妇女部长，第一任中央妇女运动委员会书记；她是第一批从法国留学转入莫斯科深造的中共女党员。1936年毛泽东评价她是中国共产党"唯一的一个女创始人"。

从莫斯科奉命回国后，向警予一直战斗在革命的最前沿——领导中国妇女运动；领导中国工人运动；主编《妇女周报》和党报《大江报》，宣传马克思主义；和党内右倾主义作斗争；向反动派政府发动最猛烈的进攻……为此她成为年轻的中国共产党的中坚力量，也成为以蒋介石为首的反革命统治集团眼中的头号"女赤匪"。

1928年3月，因叛徒出卖，向警予被反动派抓捕，并于当年5月1日英勇就义，年仅33岁。

向警予离开我们已经九十载了，可她当年为党为国壮烈捐躯的革命精神和动人情景，至今仍被人们生动地讲述：当反动派的枪声响起、女英雄倒下的那一刻，无垠的天空西北方向突然闪现了一道长虹，这道长虹从西慢慢向东伸延，把天和地连在了一起，如一座通向理想未来的七彩大桥，成为光明战胜黑暗、文明战胜野蛮、正义战胜邪恶的最耀目的标志。正如毛泽东主席在《菩萨蛮·大柏地》中所写："赤橙黄绿青蓝紫，谁持彩练当空舞？"这一问大气磅礴、惊天动地，启发人们寻找答案。

现今这个答案我们已经找到了：长虹正是如向警予一样的成千上万革命先烈们的热血化成的，鼓舞着一代又一代共产党员和无产阶级的革命者，沿着革命先烈的足迹勇往直前，不屈不挠地战斗，从胜利走向胜利，直到中国共产党取得了政权，建立了新中国。作为执政党，中国共产党领导全国人民正在为全面建设社会主义现代化国家、全面推进中华民族伟大复兴而不懈奋斗！

一、女子读书的先河

在风光秀美、群山环抱的湘西有一座名叫溆浦的小县城，县城内的庐峰山在溆水旁边。庐峰山又名庐山，是绵延起伏的雪峰山余脉。溆水古作序水，又称双龙江，是汇入洞庭湖的沅江支流，相传春秋战国时期的爱国诗人屈原被放逐这里，曾经留下了《涉江》这篇著名的诗作。

1895年9月4日，在溆浦县城的一个土家族商人家里，一个女孩呱呱坠地，她就是向警予。幼年的向警予要比当时一般家庭的孩子幸运。母亲邓玉贵，是溆浦县姚家田人，出身于一个贫苦的农民家庭，一生勤劳俭朴；父亲向瑞龄经过多年辛勤劳作，由一名小商贩发展成为当地有名的富商，算是溆浦有头有脸的人物。

向警予兄弟姊妹总共10人，她排行第九，父亲便顺其自然为她起了一个乳名"九九"。

九九从小就聪明伶俐，父亲对女儿十分疼爱。在她5岁的时候父亲和兄长们就开始教她读书识字。先是《三字经》《百家姓》，接着指导她学《孝经》《幼学》等启蒙书。但是比起这些书来，向警予更喜欢看《水浒传》《离骚》和《木兰辞》，特别是花木兰替父从军的故事，给了向警予幼小的心灵强烈的触动。

父亲教小警予知识，可让女娃娃上学读书却是想都没有想过。直到有一天，小警予怯生生地问父亲："爹爹，我能像哥哥们一样，也去学堂读书吗？"父亲慈祥地笑笑说："九九啊，不是爹爹不想让你去读书，是咱们城中就没有女娃进学堂的，这不符合老祖宗的规矩啊，在家爹爹不是一样可以教你认识很多字，读懂很多书吗？"向警予听了很失望，泪水忍不住流下来。

1903年冬天，一天早晨，向警予正在院子里玩耍，忽然听见屋里面大哥和父亲讨论着什么问题，声音不大，但是语速很快，隐隐约约地，九九听见什么"学堂""女娃"之类的词，而且大哥似乎还提到了自己的名字。向警予心中暗喜，这一定是大哥为了让自己上学，正在向父亲争取呢。她屏住呼吸，悄悄地趴在木窗外面仔细地听着。

屋门突然打开了，大哥一如往日地面带微笑向她走了过来，两只有力的大手一下子就把她举了起来，在空中转了几个圈，急得九九直喊。大哥慢慢地放下了九九，然后理了理她耳旁的头发，一字一顿地说："我已经和爹爹说好了，九九，你明天就可以到学堂上学了！"这突如其来的幸福几乎让九九不敢相信自己的耳朵："大哥，这是真的吗？""九九，你还不相信大哥？明天啊，大哥带你一起去！九九，大哥问你一个问题，你说说，读书是为了什么啊？"

向警予回想起往日大哥和他的同学们一起讨论国家大事，都说知识能救国，能够拯救民族于水火之中。她又想起自己最喜欢的花木兰，她替父从军，抵御外敌，为国争光。这一切不都是为了自己的国家、为了自己的民族吗？她目光坚定地望着大哥，用稚嫩的童音说："为国家！"

于是，在大哥的支持下，8岁的向警予步入了由大哥和一些当地开明人士在城西文昌阁开办的一所小学，并取名"俊贤"。向俊贤高高兴兴地背上了小书包，这可不是一件简单的事情，她在溆浦县城开了女子入学读书的先河。

1907年，12岁的向警予随母亲一起到大哥工作的地方常德住了一段时间。她大哥是湘西同盟会的负责人，支持孙中山先生的革命主张。在那段日子里，大哥和同伴们时常议论时局，"同盟会""民主革命""民主改良"等新鲜词语不断地灌入向警予的脑海里，她觉得自己的眼睛像被拨开了迷雾一样，渐渐地亮起来。

那是一天晚上，正准备睡觉的向警予透过窗子看见大哥好几个同事匆匆地赶回来，月色下，他们的神情紧张严肃，行动迅速，一进屋，便将手中的几份报纸摊开，在一盏昏黄的油灯下讨论起来。小俊贤好奇地想上去听听，却被母亲一把拽住了衣襟："大人的事，小孩子不要闹！"这一声，惊动了正在侃侃而谈的大哥。他抬起头来，冲着向警予笑了笑说："九九，要是想听，就进来听听吧！"

她闻听此言，高兴得直蹦。她庄重地走近那盏油灯，看到桌子上摆着的是散发着油墨清香的《民报》和《新民丛报》。在这些报纸上，小俊贤第一次看到"中国同盟会"和"民主革命"这样的字眼。这是多么新鲜的事情啊！她在学校从未听到过这些。尽管她还分不太清楚什么是改良派和革命派，但是陈天华的《猛回头》和《警世钟》这两本书深深地打动了向警予，并激起了她强烈的爱国情怀。

1911年，辛亥革命爆发了，孙中山领导的资产阶级革命推翻了清王朝的腐朽统治，建立了中华民国。在这一年，向警予的家庭接连遇到了一悲一喜两件大事，对于向警予来说，是这两件事改变了她人生的道路。

"一悲"是向警予的大哥因病在日本去世。大哥在常德师范任教不久，便到了日本早稻田大学学习经济，并积极参加孙中山先生在日本组织的各项活动；不幸的是，临近毕业却得了重病去世。噩耗传来，向警予感到无比悲痛，她变得沉默起来，即使在父母、兄姐的百般安抚下，她还是很少露出昔日的笑容。她时常独自一人漫步在曾与大哥一起走过的河畔小路，回想着昔日与大哥在一起的一幕幕场景。如果不是大哥，自己怎么能懂得那么多爱国的道理，怎么能接触那些醒人耳目的新思想、新知识……正当盛年的大哥去世，她心中无比难过，但却又不知如何排遣。

"一喜"是她的五哥仙良，本来在日本京都府立医科大学留学，闻听国内革命党人10月份的武昌起义取得了成功，便积极地随进步同学一起回国参加了中国留日医药学生救护队，分配在南京淮关一带，因为表现突出而获得了一枚红十字纪念奖章。喜讯传来，向警予和家人都为五哥感到骄傲。

这两件事深深震撼着向警予。大哥和五哥都投身了革命，大哥事业未竟就去了，而五哥现在已经有了不小的成绩。那么自己呢？向警予沉思了许久，决定要向两个哥哥学习，把自己的未来同祖国的命运紧密地联系在一起。

二、外出求学的勤奋

1911年，向警予再次用自己的真诚说服了父亲，自此，向俊贤离开了家乡溆浦，考入常德女子师范学校，第二年又从湘西转学到长沙的湖南省第一女子师范学校，开始了她追求新知识和新思想的道路。

1914年秋天的雨水仿佛比往年更多。天气总是阴沉沉的，好像预备着随时降下雨滴来。向俊贤入学也已经快一年了，她穿的始终是在溆浦县经常穿的土布衣、青布裙，脚上蹬一双青布鞋，梳着蝴蝶头，整齐利索又透着乡村女孩特有的乡土气息。和那些官宦商贾之女比起来，向警予更为关注的是自己的学业。她立志要努力求得真学问。向警予不仅课业好，还团结同学，乐于助人，同学有什么困难，都愿意找她帮忙。

然而，这样的日子并没有持续太久。一天上午，一辆豪华的马车停在学校门口，紧接着几个官员模样的人从车上走下来，直奔校长室。一会儿，向警予和同学们便被集中到了操场上。向警予心中隐隐地有些不安，她想："这会不会跟朱校长有关？"

朱校长名叫朱剑凡，是一位教育家。他思想进步，鼓吹新学，为当时的政府所不容。不出所料，那几个官员中的一个站在主席台上滔滔不绝地发表了长篇大论，批判朱校长的新式教育，免去了朱校长的职务，并派来一个思想保守的老学究担任校长。

向警予十分气愤，朱校长知识渊博、待人和善、思想进步，有什么不对？新式的教育又有何不妥？仅仅是因为这些，就要撤去这样一个优秀的校长，这是什么样的政府？这又是怎样一个教育界？强烈的愤慨使向警予紧紧地握住了拳头。

傍晚的时候，几个和向警予非常要好的同学一起散步，她们讨论白天的事。和向警予关系最好的同学淑玉站起来说："你们看，这就是我们的国民政府，迫害有识之士，找一些腐朽的老学究来当我们的校长。"

"是啊，那个老古董能给我们讲什么，还不是'三从四德'，让我们以后都服服帖帖地做'贤妻良母'。"

"告他们去！""联名上书，罢免了这个新校长！""我们并不了解这个新校长啊，联名上书是不是不妥当呢？"……

几个少女焦急地在校园里默默地来回走着，拿不出任何有力的对策来。

一向言语犀利、思维敏捷的向警予沉思着一言不发。许久之后，向警予停下了脚步，眼睛亮亮地对几个姐妹说："我们退学！"

听到向警予的这一句话，大家惊呆了，考上第一女子师范，并不是一件容易的事儿，父母和乡亲们都想着自己将来能有出息呢，怎么能够轻易退学呢？

看到大家一脸的疑惑，向警予顿了顿，继续说道："朱校长跟我们告别的时候不是说，要到以前他创办的周南女校去继续主持教学吗？像朱校长这样一个有真才实学，又有创新思想的人，我们难道不该跟着他去学习吗？你们不用担心，朱校长德高望重，一定会很高兴地接纳我们的，跟着他我们才能学到更有用的知识呀！"

听了她的这番话，大家不住地点头，有人还激动得轻轻鼓掌。"好，我们一起去周南女校！"想到又可以跟自己爱戴的朱校长在一起，大家一扫刚才的愁容，都欢欣鼓舞起来。淑玉更是抑制不住内心的兴奋，说："俊贤，你可真有主意！"

这时，满脸潮红的向警予突然一下子严肃起来，她一字一句认真地对大家说："以后不要再叫我'俊贤'了，从今天起，我有了一个新的名字——'警予'！"

改名字并不是一时冲动，而是经过深思熟虑的。她用"警予"二字，警戒自己，鞭策自己，时时刻刻敲响警钟，提醒自己不要忘记用这种拼搏精神去求学救国家。

就这样，向警予带着几个要好的同学来到了坐落在长沙北门泰安里的周南女校。在周南女校，向警予被编入师范第四班。从此，她把全部的身心投入到学习当中，渐渐成为班里最勤奋、成绩最好的学生。课余的时间，向警予博览群书，深入思考——到底怎样才能拯救处于水深火热之中的祖国？她沉思着却找不到方向。

为了让自己能够拥有一个健康的体魄，向警予还每天坚持锻炼身体。天刚亮，她便约上二十几个同学，在校园里练习拳术。在向警予看来，救国救民不仅需要有充满智慧的头脑，还需要有一个强健的体魄，只有这样才有条件完成自己远大的志向。

向警予在锻炼身体的过程中，结识了当时就读于体育专科班的蔡畅。从此，中国共产党的革命历史中，两位赫赫有名的女性，就开始了她们的友谊。

蔡畅是和母亲、兄姊一起搬到长沙的，向警予十分关心这个可爱的小妹妹，经常在学习和生活上给予她细致入微的帮助，两个人在一起不分彼此，如同亲姐妹一般。

后来在她们的接触中，向警予才知道蔡畅也有着和自己一样的烦恼。原来，蔡畅考入了湘乡县立二女校，可是父亲却把她许配给当地的一个财主做媳妇儿，蔡畅死活不答应这桩婚事，幸好，她的母亲和哥哥坚决支持她，把她带到长沙来读书，总算逃避了这桩婚事。

蔡畅的父亲是个不善理事的退职小吏，蔡畅和哥哥蔡和森从小主要受母亲的影响。其母葛健豪出身名门，仰慕女革命家秋瑾，为了让自己的儿女上学读书，她将陪嫁的首饰卖掉，带着儿子、女儿和外孙一起来到长沙。祖孙三代同时上学，一时传为佳话。

有一天早晨，天空晴朗，万里无云，向警予正坐在石凳上读书，这时，蔡畅笑嘻嘻地走过来，正在专心致志看书的向警予显然没有注意到蔡畅的到来，蔡畅一把夺过向警予手中的书，藏在背后。向警予抬头见是蔡畅，笑笑说："我以为是谁家的调皮鬼呢，原来是妹妹啊，姐姐看书呢，别闹了。"

蔡畅依旧一脸笑容地说："好姐姐，你看今天天气这么好，我带你去个好地方吧。"

"好啊！"向警予扬了扬眉，"可是我们去哪里呢？"

"我带你去一个地方，你先说你去不去？"蔡畅卖关子。

"什么地方，你说出地方，我再考虑嘛。"

"姐姐，你不去可别后悔哦。"

"不去。"向警予佯装决定。

"真的不去？那我可自己去我哥哥他们学校了。"蔡畅几乎要笑出声来。

向警予早对蔡家的每个成员熟悉于心，并且一直暗想有一天能与蔡畅的母亲和哥哥见一面。姐妹俩说走就走，她们雇了一辆人力车，直奔省立第一师范学校。

等她们到校门口，远远就看见一个瘦削飘逸的年轻人在迎接她们。蔡畅跳下车，高兴地一把拉住了年轻人的手："哥哥，我来给你介绍一下，这是我最好的朋友向警予。"就这样两个心仪已久的年轻人终于相识了。

向警予通过蔡和森又认识了同在长沙省立第一师范学校读书的毛泽东。他们几个人都是《新青年》的热心读者，他们怀着满腔热忱，紧密地团结在一起，寻找一条新的救国之路。

1915年1月，日本帝国主义向中国政府提出"二十一条"无理要求，企图把中国的政治、军事及财政等都置于日本的控制之下。当时的大总统袁世凯为了当上皇帝，千方百计讨好日本，接受了日本提出的无理要求，把中国的主权出卖了。

消息很快传开了，进步学生们汇聚在一起。向警予手捧着报纸，目不转睛地盯着报纸上几个醒目的大字："袁世凯签订'二十一条'。"她的脸越来越苍白，她大声地念着报纸上的标题，声音颤抖起来。念到最后，她一把撕烂了手中的报纸，泪水夺眶而出，她高声疾呼："同学们，袁世凯要将我们的国家卖给日本人，这个卖国贼，居然干这种丧权辱国的勾当！"

同学们十分气愤，有的喊道："对，我们到街上去游行演讲，让所有人都知道袁世凯是个卖国贼！"

朱校长听着学生们的话，满意地笑了。他当即宣布，全校临时停课，学生们都上街去宣传。长沙街头，各校游行的队伍汇合在一起，周南女校的女生格外引人注目。向警予对聚过来的人群高声说："天下兴亡，匹夫有责！不愿做亡国奴的中国人团结起来，反对'二十一条'。"

口号声从四处响起，长沙城沸腾了！到处是听演讲的人群，随后，人们把日货扔到街上，踩的踩，烧的烧，表达了对侵略势力的憎恨。全国性的反帝爱国运动就这样燃烧起来了。它充分显示了中国人民的力量，也使成千上万的热血青年觉醒了。

善于辞令、文思敏捷的向警予在学校写了很多优秀的文章，其中《致体操音乐专科毕业赠辞》一篇最为出色。她的文笔流畅，思想尖锐深刻。老师还在"甲"字的右上角加了一个圆圈，表示这是一篇非常精彩的文章。文章在校园引起了巨大的反响，甚至校外的许多进步人士都在交口称赞这位有着兴邦救国之志的奇特才女。

在街上，在堤畔，向警予和同学们的演说，激起了听众的强烈共鸣。她慷慨激昂地说："反动军阀残酷地统治着人民，帝国主义野蛮地横行在伟大的中华土地之上，祖国正在遭受着怎样痛苦的灾难啊……父老乡亲，我们不用日本的东西，我们不买日本的货物！"

说着，她一把拽下头上的玻璃发卡，因为这是日本货，她大喊一声："抵制日货！"将手中的发卡一掰两半，扔进了江水中。看到这里，台下听她演讲的人纷纷摘下自己身上日本制造的东西，统统丢进江里。

向警予满含激情地宣讲着民族的苦难、亡国的痛苦。台下的人们不时鼓掌，听到动情之处，还跟她一起喊起了口号。向警予的嗓子都喊哑了，她无法控制自己的情绪，她只觉得眼前一黑，便晕倒在讲台上，身边的同学们赶紧上前扶住即将倒下的她。

"警予，警予，你醒醒啊！"同学们大声地呼喊着她。向警予缓缓地睁开眼睛，她顾不上休息，挣扎着又站了起来，再次挺起胸膛，大声疾呼："同胞们，中国是五千年文明的古国，我们怎能让她就这样灭亡了呢？祖国正在遭受着怎样的痛苦和灾难啊！国家兴亡，匹夫有责啊！我们坚决不能够坐视大好河山一步步走向沦亡！我们要打倒北洋军阀政府！打倒卖国贼袁世凯！打倒日本帝国主义！"

在这次斗争中，向警予逐渐对国家的政局有了更深刻的分析和思考，并对中国革命的前途也开始有了新的认识。她时刻关心着祖国的命运和前途，决心将自己的所学，投入到拯救中华民族危难的事业中去，为中华民族的独立自强，为中华民族之崛起而努力奋斗。

三、创办学堂的艰辛

1916年夏天，湖南天气热得出奇，向警予以优异的成绩完成了在周南女校师范班的学业。然而，毕业之际每一个同学的去留成为了热点话题。大部分同学已经到了谈婚论嫁的年龄，这段美好的学习生涯是整个人生中最值得珍惜的，可瞻念前途，她们有的只是叹息和无奈。

在一个燥热无风的下午，在简洁朴素的校长办公室里，向警予望着朱校长那和蔼亲切的笑容，心中感慨万分。朱校长说道："我国的教育现状实在令人担忧啊，长此以往，我们的治国救国之人才从何处来？现在你们即将毕业，你可以在社会教育事业方面一展宏图啊，你们至少为小学教育服务二年，才不枉师范班这4年的勤奋学习啊！"

向警予聚精会神地聆听着朱校长的临别教诲，不时地点着头，听到朱校长说的话，向警予真诚地对校长说道："校长，我深深坚信'教育救国'的理论，因此，我打算毕业后回到自己的家乡开办一所新式的学堂。让家乡的更多人能够走出旧思想，到学校学习文化科学知识，接受妇女解放的洗礼。"

回到家乡后，向警予要办学堂的事情仿佛在一夜之间传开了，首先遇到的便是经费问题。人们在县里议论纷纷，没有几个人对这件事情看好，自然也就没人愿意伸出援助之手，她思来想去，决定先去找父亲商量一下。

看见女儿学成归来，父亲自然是喜上眉梢，但是看着女儿整天为办学的事愁眉苦脸，心里也不是滋味。

这天晚上，全家吃完饭以后，向警予看到父亲在院子里纳凉，便上前拿了一把扇子为父亲驱热，许久之后向警予才开口向父亲提起办学的事情。

父亲拉着向警予的手说："九九啊，爹爹一向鼓励你们多读书，多受教育，可是眼下你办学堂的事情我看还是有些困难的，溆浦是个小地方，且不说办学堂的费用不好筹集，就算是有了这笔钱，恐怕来上学的学生也寥寥无几，现在你已经20岁了，按说到了'男大当婚，女大当嫁'的年纪了，你娘正在找人给你张罗婆家呢。"

向警予一听父亲这番话，心情激动起来。她想，自己求学多年，现在想为家乡的教育事业做点儿贡献，让更多的女娃娃跟她一样有书读，学到进步思想，不必再一辈子依附于一个男人，让她们有更大的作为，这难道有错吗？

她望着父亲，用无比坚定的语气对父亲说："爹爹，九九自幼受您和哥哥的教诲，读了许多书，懂得了许多道理，若不是爹爹这样一个开明知理的父亲，九九还不知道在哪呢。因为有了您，我才能进入学堂，外出求学。九九在外面上学，看到许多不幸的女娃娃们，也希望她们能够冲出封建樊笼。女儿开办这个学校，不是为了图财，这些年来，我们的国家深受列强的压迫，袁世凯丧权辱国的'二十一条'让无数国人愤慨。在周南女校的那段日子里，女儿深深明白，只有知识才能救国，要冲破封建思想的束缚，要粉碎外国列强吞并我们大好河山的企图，只有让更多的国人思想明智，掌握更多先进的知识，才能拯救我们的国家，拯救我们的民族。"

父亲惊奇地看着女儿，心中不禁感叹，那个曾经顽皮可爱的小姑娘已经长大了，女儿马上就要把心中的理想付诸行动了。沉思良久，父亲终于表态说："好姑娘，爹爹答应你，明天起，咱们就去看看校址，让我们的溆浦学堂早日开课！"

父亲慷慨解囊，先是帮助向警予在城西街的一隅找到了一家停办的学堂文昌阁作为新校址，又为了扩大校舍将自家毗邻学校的一块橘子园捐献了出来，还出钱垫付了办学校的临时用款。与此同时，受到向瑞龄的影响，县里面几个开明的商人也先后给向警予提供了一些资金支持。

可是，在当时创办一所学校是多么难的一件事情。师资力量薄弱，校舍破旧，教学设备不完善等，但最关键的还是经费问题。虽然父亲非常支持她创办学校，可是总不能靠家里面，父亲已经耗资不少了，再说她也不能再向父亲张口了，家里面的兄姐们会怎么看待父亲呢？不能再让父亲为难了。怎么办，向警予思考着，走路想，睡觉想，吃饭也想，她在想如果县政府愿意投资，那将会是一大笔费用啊。她忽然想到了在周南女校时的一位同窗好友吴家瑛，吴家瑛的叔父正是溆浦县的县长。向警予的父亲和县长吴剑佩是老朋友了，平时就有来往，听父亲说，吴县长是个比较开明的人，就让吴家瑛跟她叔父谈谈这个事情。

借着昏黄的灯光向警予连夜写了《请吴县长筹款书》，言辞恳切，论述精辟。第二天中午，向警予便来到吴家瑛的家中。听了向警予要办学堂的想法，吴家瑛也十分赞同，她要求向警予一同陪她去找她的叔父，但是向警予拒绝了，她怕一起去吴县长若不批准会很难堪，应该先让家瑛去探个虚实，自己才有底。吴家瑛果然没有食言，很快便将这封信递到了吴剑佩的手中。

当吴剑佩接到这封信后，无法入眠。他用心地阅读了书信里的每一个字，向警予的办学堂热情和用教育来振兴家乡的理论深深感染了他。他心中不断地感叹：小小的溆浦县竟会有这样一位奇女子。在这封措辞恳切的信中，向警予表达出了一位赤子对家乡及祖国教育事业的极大热情。看完这封信，吴剑佩决定鼎力支持向警予的办学之举。

有了吴县长的大力支持，筹措到了足够的办学经费，学堂很快办了起来了。向警予终于露出了疲惫又有信心的笑容。

这是一所男女同校的学堂，可开学后崭新的学校里除了寥寥几个男生之外，没有一个女孩来报名。原来，溆浦地处边远，偏僻闭塞，老百姓思想不开明，认为男女同校是一件大逆不道的事。

怎么办？是退缩，还是想办法改变现状？不，绝不退缩。向警予想：好不容易学堂办起来了，再大的困难也要克服，理想不能就这么放弃。她决定一个一个地去"请"学生们来上课。向警予和吴家瑛带着几块干粮和一壶凉水就上路了。一连几天，她们翻山越岭，走访了许多地方，最远的离县城有七八十里；其间跋山涉水、烈日暴晒、大雨浇身是常有的事。

这天，她来到一个叫舒金菊的女孩家。舒金菊的父母坚决反对女儿上学，他们对向警予说："女孩子上学本来就让人笑话，更何况你办的学校还是男女在一起读书，这成何体统！"

向警予笑了笑说："如今世道不一样了，讲究男女要平等，现在女孩儿有了知识才能摆脱旧社会那些不合理的规矩呀。您看看，我不就是女的吗？我上了学，现在不是一样当校长，办学堂，我想带着咱们山里的女娃娃们走出去，学会更多的知识，将来可以保护自己，还可以为我们的国家多做贡献呀！"

向警予说得舒金菊一家人动心了，谁不希望自己的孩子过上好日子、改变受苦的命运呢？舒金菊的父亲听后很是赞同，他认为向警予说的这一番话很有道理，于是亲手将自己的女儿交到了向警予的手上。

向警予知道舒金菊是秋天出生的，于是给舒金菊重新取了一个意味深长的名字：舒劲秋。

要知道在民国初年，公共场所禁止男女同坐；女校对女学生的管理相当严格，不准会见男客，甚至规定男教师须年满50岁，应留胡须等。1913年，在上海有过男女同坐一辆人力车被拘事件。时风认为，"习俗可变，伦纪必不可变也"。而在溆浦女校，向警予和吴家瑛等人一起宣扬新思想，倡导男女平等，在小小的县城开拓了一种全新的气象。

在这位年轻而又颇有见识的女校长的坚持下，许多孩子离开了自己闭塞的家，走进了学堂，向警予带领着自己的同学和学生，共同学习，传播文化，人们对向警予也刮目相看。

四、新潮思想的影响

在溆浦学堂，向警予和其他的老师用心地培养着这些娃娃们，教给他们科学文化知识，也传授他们新的思想，对学生的爱护和帮助可以说是细致入微。

妇女缠足的习俗在清末民初就受到冲击。民国以来政府三令五申，各地缠足虽已经减少，但是在偏远地区仍然盛行。随着妇女解放运动的开展，废除缠足陋俗的呼声再次高涨。教育部特令京外各女学校凡是有缠足的，令其解放，未缠足的一律禁止。

一天早晨，学生们在操场上做早操，这是向警予要求学生们每天必须要做的；只有拥有强健的体魄，才能更好地为国家做贡献。

忽然，在队伍不远处一个蹒跚的身影引起了她的注意，那是一个叫杜仙翠的女孩子，她做操的时候动作不协调，左右摇摆，站都站不稳。向警予疾步走了过去，一把扶住了杜仙翠。望着这个满脸汗水、愁眉不展的小姑娘，警予关切地问道："杜仙翠，你怎么了？"

杜仙翠听到这句关切的询问，两颗晶莹的泪珠顺着脸颊直淌而下，她的声音低得几乎听不见："先生，我……我……我的脚疼。"

向警予的目光转移到了杜仙翠那双不太正常的脚上，又想起刚才孩子摇摆不稳的动作，心里已经明白是怎么回事了。向警予搀扶着杜仙翠坐到了教室里，用手绢轻轻拭去了杜仙翠额头的汗水，让她坐在椅子上，然后蹲身帮她脱下鞋。那双正在发育的双脚被包裹成了两个粽子的模样，为了保持身体平衡，这鞋子的前端塞进了好多棉花。向警予看见这一切，心中隐隐作痛，飞快地帮杜仙翠把裹脚布拆开。

放学后，向警予送杜仙翠回家。杜仙翠的母亲是一位旧式的家庭妇女，虽已饱受生活的磨难及封建礼教的摧残，但为了孩子将来的名声，仍想用旧的习俗来塑造她的女儿。校长的亲自登门让杜仙翠的母亲非常吃惊，看着女儿被放开了的双脚，杜仙翠的母亲皱了眉头：

"向先生，仙翠要是现在不受点儿苦，以后会找不到婆家的，女娃娃总是要讲个三从四德的，让她裹脚也是为了以后她有个好名声。"

向警予微笑着握住仙翠妈妈那双粗糙的手，说："大妈，您操劳了一辈子，这其中的艰辛恐怕只有您自己清楚吧！您自己受过的苦莫非还要孩子受？您把她送到学校里面来，就是教她们自尊、自爱、自强、自立，可以不受别人的欺辱，过上好日子。现在新社会要求男女平等，男子能打仗，女子也能背枪，可是如果她们一个个都把脚裹小了，站都站不稳，还怎么为国家做贡献呢？终究也只能被束缚在这些礼教中啊！"

向警予晓之以理动之以情地劝解，终于把这位思想保守的母亲打动了，她保证今后再也不给女儿裹脚了。

杜仙翠站在一旁眼里含着泪水，向警予向她递过去一个充满鼓励的眼神……

向警予用自己真诚的心去帮助每一个学生，她时刻注意着孩子们的一言一行，她像母亲一样关怀着学堂里的每一个孩子，使孩子们感到太幸福了。来上学的同学总是散着头发，向警予便认真给她们梳好，还扎上一个漂亮的蝴蝶结。放学的时候，不管多忙她都会将那些离学校较远的孩子送回家。她把孩子们当成自己的亲人，谁的衣服破了，她缝补好；谁生病了，她会悉心照顾。在睡觉时还为她们披过被角，在晚上为她们驱赶蚊虫；要是有穷人家的孩子因为经济困难交不起学费，向警予就用自己的工资垫付上。学生们都为有这样一个好校长而感到自豪，她们不仅学到了知识，还学习了怎么做一个有道德的人。

1917年秋天的一个早晨，溆浦县城的人们像往常一样从睡梦中醒来，他们打开房门的那一刹那都被眼前的景象惊呆了：一个衣着简朴的女孩子带领一群"娃娃兵"们挥舞着扫帚、簸箕，沿街打扫卫生，她们个个挥汗如雨，面带微笑，扫起地来是那样的认真仔细，每一个犄角旮旯儿都不放过。

溆浦县城依山傍水，风景秀丽，可街道两旁却堆满了各种生活垃圾，日久天长这些垃圾发霉腐烂，不时发出阵阵恶臭。人们对这样的景象似乎已经习以为常了，从来没有人主动打扫过。向警予看到这种状况，就发动学生们上街打扫卫生，这样既锻炼了学生的身体，帮助她们树立起维护公共道德的思想意识，又为溆浦县城清理了垃圾，是一件两全其美的事。

可是，就在大家干得热火朝天的时候，一些人开始在他们背后指指点点。

一个乡绅拄着拐杖过来，一把抓住正在清扫他们家门前尘土的学生手中的扫帚，用拐杖不住戳着地，颤颤巍巍地说："女娃娃家，不好好在家待着，来到大街上抛头露脸，简直不像话，还不赶紧让你爹娘领回去！"

女学生甩开老乡绅的手说："这里的街道又脏又臭，看着就不舒服，我们把它打扫干净，空气清新了，环境卫生了，街道干净了，对身体也有好处啊，这样不是很好吗？"

老乡绅听了，生气地摇了摇头，转身走进自家大院，"砰"的一声关上了门。

丝绸店门前，胖胖的老板头上戴着一顶瓜皮帽，跌跌撞撞地从店里跑出来，平日里和和气气、总是满脸微笑的他，今天却带着满面怒容。他走过来，拦着清扫他门前垃圾的学生，说："快住手，快住手，你们这一扫，把我的财气都扫没了，这往后的生意可怎么做呀！"

学生们不理会他，径自将他们门前扫干净，胖胖的店老板看见不远处的向警予，连忙跑了过去，一边鞠躬一边说："向先生，您可不能这样做，您看看我这店，这两年红红火火的都是因为这里有个好风水，你们这样干，把我的财运都扫走了，你看刚刚还在店里挑选布料的客人什么都没有买就走了。"

向警予听了，无奈地摇了摇头，这顽固的老脑筋的想法太荒唐了，她说："老板，您店里生意好跟风水可没有什么关系，那是因为您善于经营和管理，再加上您总是和和气气的，和气生财嘛，所以大家才愿意来您店里买东西啊。现在这一扫，店前更干净了，以后会有更多的人来这里选布料的。"

店主听了，觉得有道理，点点头，让开路，让学生们继续清扫。

还有一个老秀才，平日蛮横不讲理，看见学生们清扫街道，走上前去，一把夺过一个小姑娘手中的扫把，大声喊道："还不快滚，再不滚，我就打到你们滚。"

向警予看见了，立刻带领着同学们将老秀才围了起来，她愤愤地说："我们在清扫街道，你凭什么让我们滚！"

老秀才蛮不讲理地说："这是我的地盘，我说让你们滚，你们就得滚，我说不让你们扫，你们就得停下！"

向警予一腔怒火，狠狠地盯着他说："告诉你，今天我们就要清扫街道，不但要清扫街道，以后我们要连你这样的恶人也清扫干净！"

看着这么多愤怒的眼睛，老秀才害怕了，他佯装有事，边走边说："哼，我今天有事，改天，我一定好好教训教训你们这些不知好歹的女娃娃们！"

整整一个上午，学生们忙得汗流浃背，看到街道变得整洁干净了，她们的心里乐开了花。

通过这次活动，向警予深深地感觉到，在溆浦县他们要清扫的不仅仅是肮脏的街道，更重要的是要洗刷溆浦县人的旧思想。落后的思想根深蒂固，一些人观念陈旧，不愿意接受新鲜事物，腐朽的气息充斥在这个社会的每个角落，她决心用知识去改变这里的现状。

向警予聘请进步知识青年到学校任教员，在她的主持下，传授新知识，提倡新风尚，宣传新思想。经过向警予的辛勤努力，溆浦女校更加有生机了，从100多个学生发展到8个班300多个学生，培养了很多人才。在此期间，她对自己的前途和事业又有了新的想法。她把自己的前途同祖国的命运紧密地联系在一起，明确主张"吾辈当求真心得，做真事业"。

1918年4月中旬，毛泽东和蔡和森等人以"改造中国与世界"为宗旨成立了新民学会，这一消息使向警予备受鼓舞，她寻求革命真理的心情更加迫切了。

五、救国救民的奋斗

1919年5月4日，中国历史上著名的五四运动爆发了。这是一场中国人民反对帝国主义、封建主义的爱国运动，是中国旧民主主义革命的结束和新民主主义革命的开端。这一年，向警予刚刚年满23岁，她将她的青春热情挥洒在了这样一场爱国救亡运动中。

向警予组织几个青年教师带领全校师生上街游行示威，他们经过县政府及各办事机构，然后停留在寺坪广场当众演讲数小时，宣传反帝救国的道理。几个小时的演讲，激起了溆浦县城群众的爱国热情。此刻，人群中一个穿着军装的人正目光复杂地盯着台上这个慷慨激昂的新女性，那神情似赞许，又似期待。

人们群情振奋高呼"打倒帝国主义""还我河山，抵制日货""爱我领土，爱我中华"等口号。他们愤恨地把家中的日本纱纺布料当众烧毁。他们的队伍走到城南街的时候，几个老百姓还端出水来给他们喝。老百姓的积极配合，使这次游行活动变得更加有意义。向警予坚定地相信：用不了多久，溆浦县的百姓就能看到一个明亮的新世界，为了救国救民的道路我们要为之奋斗，把五四精神传播到溆浦每一个角落。

当游行演讲了一天的向警予拖着疲惫的身子回到了家中，刚刚跨进大门，迎面便撞上了出来迎接她的母亲，母亲笑眯眯地拉着向警予的手走进了厅堂。父亲端坐在太师椅上，脸上流露出掩饰不住的喜悦，见向警予回来了，挺直了腰身，高兴地说："来，乖女儿，到爹爹跟前来，有件事爹爹想要与你商量一下。"

向警予觉得父亲怪怪的，于是走上前问道："什么事呀，爹爹？"

母亲在一旁赶紧搭话："九九啊，你知道现在别人都怎么议论你的吗？他们说你不守妇道，你说你现在也不小了，23岁的姑娘早就应该结婚生子啦，你是不是也该考虑考虑自己的终身大事？"

向警予眉头一皱，听了这话半天没吱声，父亲站起来，背着双手走到向警予面前："人家都说你这学办不下去了，让自己的孩子都退学呢，像你这样的成天领着一帮学生不务正业，人家家长把孩子交给你能放心吗？况且今天周司令派人提亲了。这个周司令长得一表人才，又有一定背景，要是与他家结了亲，倒不失为一桩美事啊！九九，爹爹知道你有远大志向，可你也为爹爹想想啊，你都这么大了，也该为自己的终身大事考虑考虑了。"

向警予望着父亲，坚决地说："爹爹，从小您就教诲我要学有所用，要做一个对国家对社会有用的人，我便一直往这个方向努力。现在国难当头，女儿想的是怎样拯救民族于危难之中，怎样为救国找到一条正确的道路，儿女私情终究是小事，而我们民族的存亡才是大事。"

父亲原本以为自己为女儿找到了一个好归宿，女儿应该高兴才对，可没想到，这孩子竟然这样辜负他的一番美意。他语重心长地说："女儿啊，爹爹并不是反对你爱国。你办学校有了困难，爹爹是全力帮助你的。这跟你嫁人并不冲突啊。再说了，身为女儿家，你做的已经够多了！"听了父亲的这番话，向警予情绪更加激动："爹爹，我做的还不够多，几千年来中国女子受到封建压迫如此之深，我要为了反抗这封建的压迫奋斗下去，我的目标就是将自己的命运和祖国的命运连在一起，以救国救民为己任。爹爹，我心意已决，您不用再劝我了，周司令的这桩婚事我自己看着办。"

说完，向警予头也不回地走出厅堂，望着女儿的背影，向瑞龄留下的只是无尽的叹息。

这个周司令就是向警予演讲时站在台下观看的那个军人，向警予对这个人还是有一定了解的，他原名叫周则范，是驻溆浦县的湘西镇守副使兼第五守备区司令。当时她对这个周司令倒没有什么反感，虽然他属于桂系军阀，但是在政治上坚决反对袁世凯，对地方稳定发挥了一些积极作用。

而且，周司令对办学也是发挥了积极作用的。刚回到溆浦县的时候，向警予办学的事情便在家乡传遍了，周司令曾登门造访。虽然知道周司令来的目的并不只是看望一下那么简单，但是聪明的向警予巧妙地将他们之间的对话引到了办学上来。在听过向警予一番深明大义的讲解之后，周司令慷慨解囊，捐助了800块大洋作为学校的经费。

此后，周司令越发喜欢这个聪明又有学问的女孩。他觉得向警予是个新时代的女性，知书达理，如果能娶到这样一个新式的女子，那一定是一件很有面子的事，于是便找媒人跟向家提了亲。向家是做生意的，也认为若是两家结为亲家，便可以利用周家的权势，壮大自己的生意，正是两全其美的事。可是向警予坚决反对，这个如意算盘眼看就要落空了。

就在周司令满腹惆怅的时候，向警予穿着一身朴素的白衣黑裙，不施任何粉黛，自己一个人来到了周则范家。周则范对向警予的亲自拜访感到非常吃惊。他想，这可是个新式的女子呀，还未过门竟自己登上门来！这个女子还是改变了主意了，这桩婚事要有转机了。于是他整理了一下衣装，十分有礼貌地请向警予进来。他将向警予带到了客厅，像对待贵宾一样给她泡上了一杯上好的茶水。

向警予大方地接受邀请，坐到客厅的沙发上，她没有拐弯抹角，便单刀直入地说："周司令，知道您公务繁忙，本不该来打扰，今天我来贵府不为别的，正是为了您派人到我家所提及的婚事。"

周则范望着面前端庄秀丽的女孩一下子愣住了，心想，这个新式的女子胆子也太大了吧。

向警予继续说道："周司令深明大义，一定比我们更通晓政局与国事，现在中华民族正处在危难之际，国人都应该将自己全部的精力投入到救国救民的事业中去，我自幼接受新式教育，希望能用知识作武器，与侵略者斗争到底，寻找救国的真正道路，所以这门亲事我是不会答应的。"

面对向警予一番婉转而又坚决的言辞，周则范的脸色一下子就变了，他赶紧站起来说："向小姐，救国救民乃是军人的天职，这一点，周某和姑娘是相同的呀，但是救国与婚姻两者并不冲突啊，况且令尊大人也已经同意了我们的婚事。"

向警予见周则范露出不悦之色站起身来，就用坚定的目光望着眼前这个充满期望的军人，认认真真地说："我父亲同意并不代表我的意愿，为了我们的民族，为了水深火热的百姓，我向警予决定以身许国，终身不嫁！"

掷地有声地说完，向警予头也不回地走出了客厅，留下周司令一脸的愕然，直到向警予走出了大门周司令才反应过来。

向警予不畏封建礼教，不慕荣华富贵，以自己满腔的热忱，投入到五四运动的潮流中。她为了民族的伟大复兴不惜立下终身不婚的誓言，为了让自己的国家取得无产阶级政权而为之奋斗着，在种种困难中迎风破浪，踏上了一条救国救民的革命之路！

六、惊人举动的力量

向警予在周南女校读书时通过蔡和森认识了毛泽东，从此再也没有中断过联系，虽然毛泽东只比她大两岁，但是在向警予的心中却十分敬佩这个兄长。在向警予的成长中，毛泽东给予了她很多的引导和帮助，这在向警予准备从长沙外出勤工俭学时的那段日子里尤为突出。

一天傍晚，向警予接到老同学蔡畅写给她的信，信中写到她们昔日的同窗好友淑玉因为不堪忍受封建的逼婚，竟然走上了绝路，半个月前服毒自杀了。向警予看到这一消息既震惊又悲痛，她不相信这个曾经和自己那样要好的姐妹居然用这样的办法结束了生命。淑玉跟自己一样，都是受过新式教育的女性，上学的时候学到很多新知识，接触到许多新思想，没想到就这样离开了人世。

接下来的几天里，向警予脑海里不停地思索着这些天发生的事：轰轰烈烈的五四运动，拒绝周司令的求婚……这一切的一切不断地在她的脑海中浮现，一遍遍撞击着她的心灵。更重要的是淑玉的死深深地刺痛了她。想想自己和淑玉所从事的教育事业，更多的是对这个社会的无奈。她现在觉得带领着孩子们学习知识是远远不够的，她通过淑玉的死理解到铲除封建思想、瓦解封建制度还必须要从根源上解决问题。

1919年7月，向警予决定到长沙周南女校继续深造，于是将手头的工作都交给了吴家瑛便离开了溆浦县。在她临走的这一天，码头上挤满了送行的人，小船开动了，向警予挺立在船头，向大家挥手再见，木船渐渐远去，消失在青山绿水之间……

又一次来到长沙。夏季还没有过完，天气依然又闷又热，路边的树叶仿佛也低垂下来，向警予走在去周南女校熟悉又陌生的街道上不由得感慨万千：想当年，自从走出家乡，就再也不是当年的小九九了。从湖南省立第一女子师范到周南女校，自己就变得成熟起来了。她拿出蔡畅写给她的信，按照信上的地址找到了蔡家。来到蔡家，向警予看到了两年没见的蔡母依旧神采奕奕，在一起寒暄了几句，蔡母留向警予住在家里面。

就这样向警予住在了蔡畅的家里，但是蔡畅的哥哥蔡和森却一直没在家。原来蔡和森为了办理赴法求学的事情又一次去了北京，向警予就和蔡畅等人一同组织了湖南女子勤工俭学运动，成为湖南女界勤工俭学的首创者。

五四运动后的长沙，在新思潮不断冲击下，正酝酿着一场真正的思想革命。马克思列宁主义开始在此传播，《新青年》《新潮》等进步书刊在青年中获得了很大的声誉。就在这时周南女校的女生们也办了一本刊物叫做《女界钟》，这成为向警予等一批进步女性的营地。她们在《女界钟》上发表战斗檄文，以唤醒民众，其中最为突出的就是向警予，她用自己的文采抨击时代的落后，向世人展示了封建社会的腐朽，特别是对女子的压迫。

1919年下半年，向警予在长沙参加了革命团体新民学会。

11月，即将步入严冬。一天，向警予正在院子里面帮助蔡母扫地，院里的大门猛地被推开了。进来的是和她一同加入新民学会的陶毅："警予，出大事了，你听说了吗？长沙的一个女学生叫赵五贞，她家将她许配给一个她从未见过面的男人，她执意不从，但又拗不过固执的父母，只能被逼上了花轿，可是谁也没想到，她居然在花轿里割腕自杀了。"

向警予手中的扫帚啪的一声摔在地上，又是一出和淑玉一样的悲剧。她咬咬牙，愤愤地说道："包办婚姻太可怕了，这万恶的封建迷信制度，到底要吞噬我们多少姐妹！她们进了学堂，学了知识，开阔眼界，可最终还是抵不过这样悲惨的命运！"

正说着，向警予和蔡畅望见穿一身灰色长衫的毛泽东走进院子里。这就是向警予平日里最敬重的人之一，向警予并不以为怪，她知道想必他也是因为这件大事而来的。

果然，一进门，毛泽东便一脸严肃地说："你们应该听说了最近赵五贞的事情了吧？"大家缓缓点头。毛泽东低沉地说道："赵五贞是一个敢于反抗封建婚姻制度的女子，只不过她选择了一条太过激进的道路。但是她的死也深深地警告了我们。我已经写了几篇文章，准备在《大公报》上刊出，我们要告诉更多的人这件事情根本原因既是社会制度的黑暗，也是包办婚姻的腐败！警予，你是不是也应该在女界做出一些行动，引起广大女性的共鸣？"

向警予立刻表示赞同说："你说得对，赵五贞的事非常具有典型性，她的身世那么不幸，但是却用自己的生命向世人展示了新时代女性反封建的决心。我们应该号召更多的女性去反抗这黑暗的封建制度！我们每一个女性都在受封建制度的摧残和影响，我们宣传起来会更有说服力。"

随后，向警予号召了周南女校的所有学生并在湖南女界发表了感人至深的演讲。在纪念赵五贞大会上，她洪亮的声音在广场上回荡着："女同胞们，我们不要再让任何一个姐妹在旧式婚姻的枷锁中挣扎，我们不能再眼看着自家的姐妹在封建制度的牢笼里挣扎，赵五贞用自己的宝贵的生命来反抗这丑恶的制度，我们不能让她白白牺牲，我们要为改造这个腐朽的社会献出自己的全部。"

她的演讲慷慨激昂，震撼人心，赢得了台下一阵阵热烈的掌声，有的人甚至失声痛哭。大家高举双手，齐喊口号，纷纷表示以自己的全部力量去反抗封建婚姻制度的腐朽。这一惊人举动的力量给予向警予很大的支持，也为她带来了更多的自信。

不久，在毛泽东和蔡和森的积极筹备及向警予等人的推动下，赴法勤工俭学终于成行了。在赴法临行前向警予和蔡畅等人来到了上海，做出国前最后的准备。在喧闹繁华的南京路，浪涛滚滚的黄浦江，旧上海是有钱人的天堂。然而这繁华并不属于国人，它昭示着列强的经济掠夺。滔滔的江水翻腾着，向国人喊出了备受压迫与欺凌的声音。

向警予和蔡畅等人投宿在一家条件简陋的小旅馆，清晨，当第一缕阳光透过窗子射进这间小旅馆时，她和蔡畅立刻起身，稍加整理便开始了一天的工作。对着镜子，向警予轻轻梳理着自己的头发。她是一个不好打扮的女子，虽说这蝴蝶头很漂亮，可是每天梳理也浪费时间，如果剪个像男人一样的短发，只稍稍整理一下就行，这样就能节省更多的时间来学习和工作了呀。她还想起自己办学校时，那些思想老旧的人们说的"女子剪了发，放了脚，将来没人要"的话，心中觉得好笑。这蝴蝶头不也是封建制度的一种象征吗？干脆剪掉它。

向警予的提议立刻引起了蔡畅等人的共鸣，她们一致认为，剪短头发也是妇女解放的一种表现，于是，几个姑娘手拉手一同走进了南京路上的一家理发店。剃头师傅一听几个女孩子要把头发剪掉，吓得将手中的剪刀掉落在地，神情紧张地说："姑娘们，身体发肤受之父母，这头发可是做人的根本啊，现在时代不同了，男子将头发剪掉了，可是你们几个女子也来剪头发，这成什么样子啊！"

向警予向前一步，笑呵呵地对剃头师傅说："师傅，女子留长发有什么好处，还不是照样受欺负、受压迫。时代不同了，男女平等了，男人能做的事我们女人也能做，男人能剃头发，我们女人也要剪头发，您就动手吧。"

　　见姑娘们如此坚持，老师傅无奈地摇了摇头，将姑娘们的头发剪短了。相比之下，向警予的头发剪得最短，齐齐的刘海儿自然地垂落在额头上，两旁的头发也一下子剪到了耳朵上边，向警予对着镜子甩甩头发，满意地笑了笑："姐妹们，你们看，这样是不是又精干又利索呢？"大家你望望我，我望望你，满意地彼此点点了头，姑娘们走出理发店，感觉神清气爽，她们自信地走在南京路上，过往的行人震惊了，他们停住脚步，用惊讶的眼神望着这些短发的姑娘们，还用手指指点点，有人还不停地念叨："不像话。太不像话了，这群女子一点儿规矩都没有，恐怕将来没有一个嫁得出去！"

　　向警予她们几个一点儿也不怕，她们用自己的实际行动向人们宣传着女子要解散、男女要平等的思想，她们是反封建、反传统的革命先锋。

　　很快，去法国的事情有了眉目，临行前，蔡和森和向警予去拜访了孙中山先生，向这位伟大的革命先驱表达最崇高的敬意，并谈了自己对国家未来发展的看法。孙中山先生望着眼前这对即将远行的热血青年，紧紧地握住了他们的手说："中国的未来就掌握在你们年轻人手中啊，要坚持，要努力，希望你们学成后早日回国，为振兴国家贡献你们全部的力量！"

　　两个年轻人郑重地点了点头。

　　1919年12月25日，蔡和森、向警予等三十几位青年肩负着沉甸甸的重任，怀揣着报效祖国的决心，一同登上了去法国的邮轮，开始了新的追求和探索。

七、"向蔡同盟"的理想

　　蔚蓝色的天空上自由自在地飞翔着无数只海鸥，邮轮在浩渺无际的海上航行，一望无际的暗绿色海面，时而碧波万顷，时而狂涛怒浪。向警予站在甲板上目视前方，不久之后她将登上法兰西的土地。

而此时她的心情就像这海浪般翻滚着，激动的心情无以言表。这一路上的所见所闻让向警予更加迫切地希望快点儿到达法国，完成她的学业。

"警予，"一个熟悉的声音在耳边响起，向警予应声回望，身后站着微笑的蔡和森。他缓缓地走到向警予身边，与她并肩站在甲板上。蔡和森望着远方，对向警予说："快到了吧？已经航行了这么多天，一想到快要到法国，我就觉得无比兴奋。"

向警予和蔡和森从相识到相知共同经历了无数场战斗。虽然他们身处两地，但是每一次活动都配合得天衣无缝。更让人敬佩的是，他们两个都曾为革命许下诺言。向警予在拒绝周司令求婚的时候曾说过以身许国，终身不嫁；而蔡和森也表示，国家危难之际，不谈婚姻之事。

从长沙到北京，向警予和蔡和森在一起讨论到法国勤工俭学的问题。在上海的时候，他们又共同为留法青年出国而奔忙。那些日子里，他们一同工作，一同吃饭，畅谈救国救民的问题，交流彼此在革命之路上的意见。在向警予心目中，蔡和森早已是自己的挚友、老师。他懂得那么多人生的道理和革命的真理，他的理想和抱负都是那么远大，使向警予油然产生了一种敬佩之情。

在海上的这段日子里，两人彼此关心，互相学习。并且二人还在一起观看日出，一起讨论学术问题，憧憬着美好的未来。蔡和森觉得向警予是一个与众不同的姑娘，她思想进步，艰苦朴素，渐渐对她心生好感。但当时谁也没有点破，只是把这种美好的感情深深地埋在了心里面。

不远处，一群海鸥展开翅膀，在海面上与海浪之间搏击着，那昂首挺胸的姿态吸引了向警予和蔡和森的目光。蔡和森不禁感叹："多么顽强、多么勇敢的战士啊！海风那样猛烈，海浪那样翻滚，它们都能不怕风浪，不怕艰险，充满信心地勇往直前……"

向警予赞同地说："是啊，我们也应该像它们一样，不管前方的路多么艰险，多么曲折，都应该勇敢地去战胜苦难，永不放弃！"

向警予一行人在海上整整度过了35个昼夜。轮船从上海出发，经太平洋、印度洋、红海到地中海，沿途经过香港、海防、西贡、新加坡、马六甲、槟榔屿、孟买、亚丁、开罗，最后到达法国的马赛港。

他们终于在马赛上了岸，并转车来到了巴黎。巴黎是一个浪漫之都，有着数不清的浪漫故事。然而向警予并没有心情去欣赏巴黎的美景，这些天一直萦绕在向警予心头的还是巴黎公社起义的问题。她决心要像巴黎公社的战士一样为理想、为人民而战。

来法国已经两个多月了，向警予等人联系了华法教育会。经过大家的努力，他们来到了离巴黎不远处的一座小城——蒙达尼。蒙达尼设有男女两所公学，蔡和森和一群男同学进入了蒙达尼男子公学，向警予和一同来法的蔡母葛健豪、蔡畅等人进入了相距不远的杉松女子公学。

在最初的日子里，向警予努力学习法语。清晨，人们总会看见花园的石凳上坐着一个衣着朴素的中国女学生在朗读法文。有的时候路过的人会向她投来诧异的目光，甚至还有人嘲笑她古怪的发音。但是她从来都不理会，为了尽快掌握法语，向警予一边翻着字典，一边研读马克思主义著作。短短的几个月向警予就读完了法文版的《共产党宣言》《家庭、私有制和国家的起源》等著作。

而此刻的蔡和森也在废寝忘食地学习法语，有时候他还跑去找向警予交流学习的心得。他俩在国内建立起的友谊日益深厚起来。向警予向蔡和森说道："我们应该多组织一些人来法国，我们这一代人担负的历史使命是多么重大，要彻底改变祖国的命运，就需要更多的年轻人投身到我们的事业当中去。我们应该冲破重重的阻力，让大家在调查研究法国社会和学习马克思著作的同时，也为将来的事业做好准备……"

蔡和森没有说话，只是静静地望着这个美丽可爱、聪慧达理的姑娘。心想：在几千年封建传统的中国，一个单身女子能够勇敢地登上外国邮轮并且漂洋过海来到法国，只是为了寻求救国救民的道路，这该需要多么大的勇气啊？面对她的美丽、她的气魄以及她远大的主见，蔡和森觉得自己有无数的心里话要向她倾诉，但是一时间却又不知道从何说起。

向警予发现蔡和森一直痴痴地望着自己，不禁羞涩了起来。她蓦然地想起来法国途中那个可以给她温暖、给她力量的大手来。在那漫漫长天的海上旅程中，两个人曾多次谈心，共同探讨着祖国的未来，蔡和森那沉着冷静的眼神深深地打动了向警予。有一次在甲板上，忽然遇到巨大的风浪，船身剧烈地摇晃起来，向警予的身体一下子失去平衡，这时一双有力的双手稳稳地抱住了她。向警予的心剧烈地跳动起来，看着蔡和森，心中想道："要是永远被这双有力的双手握住该有多好啊！"

蔡和森看见向警予也陷入了沉思，鼓足勇气对警予说道："警予，你还记得我们在邮轮上合写的那首诗吗？我们相约要在革命的征途上互相激励，共同向上，所以我就给它起名为《向上同盟》，警予，你愿意和我一同走这革命的路和人生的路吗？"

向警予看着眼前这个风度翩翩的男人，心中无比激动。羞涩地说道："和森，我怎么可能会忘记那首诗，那是我们共同的理想，共同的志愿，那首诗一直深深地埋在我的心里，我永远也不会忘记。"这时一双白皙修长的手紧紧地牵住了那双有力量的大手，四下无声，两双手紧握在一起，传递着真挚、热烈的爱……

1920年5月，蔡和森和向警予在法国蒙达尼举行了简单的婚礼。他们的婚礼极为简朴，连婚纱也没有，有的只是几十个留法勤工俭学的同学给这间普通的木板平房带来的真诚、热烈的祝福，在当时还成为流传一时的佳话。

举行仪式前，蔡和森的母亲想到自己的儿媳平日里衣着简朴，大喜的日子她想让新媳妇漂漂亮亮的，于是给向警予做了一件漂亮的红衣服。可谁知，当她满心欢喜地拿给向警予的时候却遭到了拒绝，向警予委婉地对蔡母说："谢谢母亲的好意，可是我并不喜欢穿这样花花绿绿的衣服，衣服只要简简单单、干干净净就好。"

蔡母对于向警予的拒绝早有心理准备，她微笑着说："警予，今天是你跟和森大喜的日子，我是特地为你准备的，就算是我这个婆婆送给儿媳的见面礼，你就穿上一天吧！"

向警予不愿意辜负婆婆的一番美意，只好勉强答应："好吧。"

婚礼上，向警予穿着蔡母亲手为她缝制的红绸衣，手中捧着一束火红的石竹花。这象征着纯洁、炽热爱情的花朵将她平日里苍白清丽的脸映衬得格外漂亮。

婚礼结束后有人提议要照相留作纪念，就在摄影师即将按下快门的那一刻，向警予忽然喊道："停一下。"并快速跑了出去，过了一会儿，只见一脸笑容的向警予拿着自己平时翻阅的那本《资本论》走了进来："来，和森，我们拿上这个。我们是因为有共同的信仰才走到一起的，从此未来的一切就要由我和你一起走下去了。"

向警予的话引发了在场所有人的热烈掌声，有人说："和森，今天是你们俩大喜的日子，你来给大家出个节目热闹一下吧。"

蔡和森笑呵呵地说："那好吧，我就给大家朗诵一首诗吧，这是我跟警予在来法国的途中共同写的一首诗，题目叫做《向上同盟》。说完，蔡和森用饱含激情的声音开始朗诵起来……"

大家都被这充满了纯真感情和对人生火热追求的一对爱侣深深地打动了，从此以后，同志们干脆就把他俩的结合称为"向蔡同盟"。

婚后，蔡和森给远在长沙的好友毛泽东写信，告诉毛泽东他与向警予结合的消息。毛泽东认真地看完信后十分高兴，于1920年11月26日致信说道："我听得'向蔡同盟'的事非常高兴，……我们正好奉向蔡同盟做首领组成一个'拒婚同盟'。而所谓的拒婚同盟就是反对旧式婚姻，追求自由恋爱的爱情。"

蔡和森与向警予用实际行动打破了旧的婚姻制度，开始了新青年自由结合的先例。向警予坚信，自己所选择的道路是正确的，向蔡同盟的理想更是正确的，他们的结合是建立在共同理想基础上的，自己与蔡和森将在人生和事业的追求中携手前进。向警予与蔡和森的爱情产生在五四时期至大革命的特定时代，当时思想解放释放出的激情冲破封建桎梏，谱写出一曲革命加爱情的浪漫诗篇。

八、友好激烈的辩论

1920年7月6日至10日，蔡和森、向警予等人在蒙达尼的社吉公园召集留法学生召开了一次会议，会上提出在法国的蒙达尼设立新民学会分部。分部成立以后，他们时刻和国内新民学会负责人毛泽东保持联系，讨论世界形势，传递先进思想。

来到法国短短不到半年时间，向警予不仅在学业上有了很大的进步，而且她为了补贴家用还到纺织厂、树胶厂做工。这一天，向警予一进家门就手脚麻利地把锅放在炉子上，然后便抓紧时间翻阅起法文版的《资本论》来。正当向警予沉浸在《资本论》那精彩的论述时，木板门被推开了，进来的是一个模样英俊、戴副眼镜的青年男子。

原来是蔡和森旧时的一位好友沈宜甲先生突然造访，夫妻俩十分礼貌地接待了沈先生。虽然沈先生是第一次见向警予，可是却被这个身材娇小的女子吸引了。让他更想不到的是这个女子居然能滔滔不绝地给他讲述马列主义的理论。但是沈宜甲还是坚持自己的观点："蔡夫人，您的观点我不反对，马列主义是正确的，而且以它为指导思想取得革命成功的例子有很多，但是那毕竟是在俄国，与我国的国情是不同的。请相信我，科学救国才是解决我们国家腐朽制度的正确道路！"

向警予摇了摇头，说："不，您错了，只有共产主义才能救中国，这已经是一个不争的事实。我相信只有共产主义才能推翻封建专制，才能打倒外国资本主义对我们的剥削。革命的道路虽然曲折而漫长，但是我坚信这将是一条通往胜利的自由之路！"

蔡和森看到这一切，心中暗暗钦佩自己的妻子有这样的远见卓识。但是眼前，他不能再让向警予和沈先生辩论下去了。他微笑着走向自己的妻子，温柔地说："好了，警予，你简直有些咄咄逼人了！沈先生是来向我们祝贺新婚的，你看你上来就和人家辩论起来了。我们快吃饭吧。"

　　向警予不好意思地笑笑，连忙友好地伸出一只手来："沈先生，先吃饭吧，有机会我还要和你一起辩论。"吃饭时，三个人在饭桌上有说有笑的，吃完饭后，蔡氏夫妇送走了沈先生。

　　然而过了不久，在蒙达尼的新民学会的内部，一同来法勤工俭学的中国同学中发生了分歧。一派是以萧子升为代表的"温和革命"派，他们信仰无政府主义，受到改良主义和工团主义的影响，对马克思主义产生了怀疑；而另外一派则是以蔡和森和向警予为代表的"暴力革命"派，主张以马克思主义观点研究妇女运动，他们认为女子解放的问题是社会改造的一个根本问题。还明确提出代议制是中产阶级革命的产物，是无产阶级的障碍；财产私有制是"万恶之源"，这种制度不应该存在。为此两派经常因为观点和道路的不同而引发辩论。

　　向警予在法国留学期间，如饥似渴地学习马列主义著作。现在，她的心中仿佛有了一盏明灯，为她指引前进的方向。是的，通过读书，她明白了以教育为工具的和平革命救不了中国，西方资产阶级思想也救不了中国，只有科学的社会主义才能挽救中国于危难之中。此时此刻的她已经由一名新民主主义战士转变为共产主义战士，这又是她思想上的一个质的飞跃。

　　1920年7月，一个风和日丽的日子，蒙达尼的校园里静悄悄的，此时正值学生们放假，不再像往日那样充满着年轻人的欢声笑语。而形成鲜明对比的是在学校对面的公园里，一场关于中国革命应该走哪条道路的辩论，正在留法的中国同学们中间友好而激烈地开展着。

　　蔚蓝的天空中飘着几朵雪白的云彩，阳光透过树叶的缝隙洒落在草坪上。夏季的草坪绿油油的，飘荡着青草的香味。一群中国学生团体坐在草坪上，时而慷慨陈词，时而仔细聆听。会场上分成了两派，展开了同学与同学之间友好激烈的争辩。他们个个思维敏捷，出口成章，其中最吸引人的就是向警予跟萧子升的辩论。

　　听过了大家的发言，向警予站起来，走到草坪中间说："现代时代不同了，我们不能用老一套的方法来拯救我们的国家，资产阶级改良主义的路线是行不通的，我们只有进行无产阶级反对资产阶级的革命，彻底推翻旧有的黑暗制度才能挽救中国！来到法国我学习到马克思主义著作之后，我才懂得无产阶级生命力的旺盛与顽强，这种新的阶级必定会带领我们走向一个新世界！然而科学和教育都不可能有如此强大的功效……"

"我反对！"一个沉重的声音打断了向警予的发言，萧子升站起来，对大家说："革命不是打架玩命，我们应该尽量减少流血牺牲。我支持无政府主义，马克思主义的观点太过于激进，并不适合中国的国情。我们为什么就不能走一条温和的道路呢？"

蔡和森激动地说："温和主义在中国是走不通的。多少改良派尝试着用温和的手段改造中国，但是都被那些当权派镇压了，因为我们的改造一旦触犯到他们的利益，他们就会反击，这是他们无论如何都不能容忍的。改良谈何容易！事到如今，只有共产主义才能救中国！"

"不，我相信只有学到了进步的科学技术才能够救中国。我们用科学来改变中国落后和被欺凌的现状。只有这样，我们国家才能富强，人民才能从水深火热之中走出来。"萧子升坚持说。

向警予再次站出来，愤慨地反驳道："萧先生，您的科学救国、改良主义、温和主义都是理想主义，这跟我们国家的国情现状根本不符合。如果不具备符合的条件那么一切就是空想！我们的同胞们受封建主义和帝国主义的压迫。在来法国之前我试过教育救国的办法，可是，那么多女生虽然读了书，但还不是一样不能摆脱悲惨的命运。她们有的因为受封建家庭的逼婚，被迫嫁给一个自己从未谋面的男人，最后不堪受辱，在结婚的当天含泪自杀；有的小小年纪便被父母强制裹脚，不仅肢体变得畸形，就连走路也摇摇摆摆；还有一些人，不但没钱读书，就连吃饭的钱都没有，她们小小年纪便不得不跟着父母到处讨饭过活。请问光有科学文化知识，又有什么用呢？她们依然会被这个黑暗的封建势力所歧视！"

向警予的反驳有理有据，引发了学生们的热烈掌声，就这样不知不觉一天已经过去了，大家最后并没有得出什么结论。辩论一直持续了5天。在接下来的4天里，以萧子升为代表的温和派逐渐产生了分歧，一部分人认为向警予等人的理论是正确的，逐渐转变为革命派，而另一部分人依旧坚持了萧子升的理论。

第五天，会议结束，萧子升还是坚持自己的观点，最终带着他的无政府主义回到了巴黎。而向警予他们并没有就此停止这场争论，她和蔡和森长期同萧子升写信辩论。只要有机会，他们就宣扬马列主义。在他们的引导下，许多同学放弃了以往不正确的观点，开始信仰马列主义。

向警予在这几次激辩中渐渐成熟起来，她不断练习法语，阅读更多的书籍，让自己的理论知识更加丰富起来。

在国内的毛泽东也支持向警予与蔡和森的观点，并写信表示"深切的赞同"。

作为一名共产主义战士，向警予时刻保持着清醒的头脑。她坚定不移的信仰和对马克思列宁主义的深刻理解，使许多人听了后都心服口服。她富于革命思想，忠于革命真理，矢志不渝地把为共产主义奋斗终生作为自己的奋斗目标。

在法国留学期间，她还特别关心溆浦学堂里的学生们。她写信告诉家瑛她们，不要墨守成规，要向学生们讲述新知识，传授新理论。她还鼓励老师们也应该多走出来看看世界，这样才能带给学生们更加新鲜的空气，让中国革命后继有人！

九、为了生存的斗争

1921年1月16日，正当向警予等留法学生积极投身于共产主义事业的时候，一个坏消息传来：华法教育会发出了与留法勤工俭学的学生们脱离经济关系的通告。向警予等一批留法勤工俭学的学生面临"失学、失工、失饭"的威胁，甚至把持华教会的吴稚晖等人要把他们遣送回国，这引起了留法中国学生的极大不满。

留法中国学生们积极宣扬马列主义，引起了华法教育会的恐慌。他们勾结当地政府，对革命学生进行无情的迫害。这个时候学生们连基本的生活都保证不了，同学们纷纷病倒了，更不要说学习了。他们忍无可忍，决定为了生存奋起反抗，团结起来进行斗争。

1921年2月27日，为了要求驻法公使馆和华法教育会解决在法中国学生的工作、生活、学习等问题，向警予冲锋在最前线，他们夫妻两个和在法部分新民学会会员，以及留法勤工俭学学生革命团体工学世界社的代表一起来到了巴黎。

一天上午，在巴黎一间公寓里，向警予和蔡和森等人遇见了来法国勤工俭学、进行革命活动的周恩来。他正和其他几个学生在一起，为第二天即将举行的谈判讨论着行动的细节。周恩来分析当前的形势说："北洋军阀政府勾结反动当局，到处刁难和迫害勤工俭学的学生，我们必须进行斗争。这次斗争的过程肯定是曲折而艰难的，大家一定要做好准备。"

其中一位女学生激动地说道："对，北洋政府和华法教育会贪污了国内捐赠给我们的教育费，难道他们还能赖掉不成？真理就在我们手中，我们应该坚决地同反动政府作斗争。"

向警予攥紧了拳头，坚定地说："巴黎公社的英雄们为了自己的信仰连牺牲都不怕，他们一个个是那样的英勇无畏，我们也要向他们学习，为了学生们的利益，为了我们伟大的革命事业，我们也不怕流血牺牲！"

"说得好！"周恩来望着这个一脸坚毅的女子，心中油然地产生一种敬佩，"驻法公使陈篆是一个老奸巨猾的官僚，他为了一己私欲给我们的工作和学习设下了重重阻挠。听说学生们要斗争，他又打报告给北洋军阀政府，要将我们这一批勤工俭学的留法学生遣送回国，以镇压我们的行动。"

向警予拍案而起："太无耻了！既然他要剥夺我们的读书的权利，我们就一定跟他抗争到底。明天我来打头阵，代表留法的学生们向他讨一个公道。"

"不行！"蔡和森站起来说，"警予，明天情况复杂，现场可能会有警察，还有打手。到时候万一出什么事，你一个女同志恐怕应付不了。"

"还是我们来当先锋吧。"男同学们都很赞同蔡和森的意见，纷纷表示不能让向警予这样的女同志站在最危险的地方。

向警予摇了摇头，以一种惯有的平静语气对大家说："大家听我慢慢讲，让我和其他几位女同志做先锋是我想到的一个权宜之计。那些警察和打手看见我们会认为这几个女同志不能怎样，他们的警惕性就会下降，反而不会轻易伤害我们；这样既能够保护我们的游行队伍，又能争取时间完成我们的任务，你们说不好吗？"

向警予这一建议得到了所有同志的称赞，蔡和森听后很是钦佩。这就是警予，自己可敬可爱的妻子，聪明，冷静，在困难面前总是不屈不挠，敢于斗争，虽然他还是很不放心，但是向警予那坚定的眼神让他相信，她们女同志明天一定可以出色完成任务！

1921年2月28日，以向警予为首的4名留法新民学会会员组织并带领着400余名留法勤工俭学学生在巴黎举行了示威游行，他们举着"要读书，要劳动，要吃饭"的条幅，来到了驻法公使馆，要求驻法公使馆解决学生们入学和救济金的问题。这就是著名的"二二八"运动。

这时以蔡和森几个男同学为代表，找到了躲在驻法公使馆的陈篆进行谈判。过了一会儿向警予大踏步走来，她的正义凛然，慷慨陈词，惊得陈篆步步后退。100多名勤工俭学学生集中在公使馆内，等待陈篆的答复。最后逼得驻法公使陈篆动用了巴黎的警察，但是向警予等人并不害怕，仍然为了自己的生存坚持斗争，最后陈篆不得不妥协。陈篆答应借款维持学生的生活，并且华法教育会也答应了为失业的学生找工作。

"二二八"运动最终以向警予等留法勤工俭学学生们的胜利而暂告结束！

之后，向警予又领导勤工俭学的女学生们组织了"开放海外大学女子请愿团"，发出致国内妇女界的公开信。这封信由向警予等人联合签名，并且于7月30日和31日在北京《晨报》连载之后，在国内妇女界和社会产生了深远的影响。

这一年法国的秋天，中国留学生的生活非常艰难。蔡和森的母亲葛健豪为了维持一家人的生计，不得不靠自己亲手绣的湘绣维持生活，"二二八"运动之后，北洋政府驻法公使虽然口头上答应了学生们的正当要求，但是费用却迟迟不见发放，继续剥夺他们读书的权利。

后来，法国政府与中国代表商议要在里昂的一个旧炮台里为勤工俭学的学生们创办一所大学并且学费全免。消息一传来，让学生们看见了一丝曙光。留法勤工俭学学生奔走相告，积极筹划，时刻准备着步入里昂中法大学。

1921年7月，在上海召开了党的第一次全国代表大会，中国共产党正式成立了。周恩来、蔡和森、向警予等人在国外也积极筹划，在旅欧勤工俭学学生中发展和建立党团组织。

9月，学校正式开学。学生们已经买好车票准备前往里昂上学，但是当他们来到学校时，却被国内招来的120名富家子弟，无理地排斥在校门之外。不光是学校拒绝勤工俭学的学生，就连驻法公使馆也宣布，勤工俭学的学生们的生活补助费到9月15日停发，此后就立即同勤工俭学的学生们断绝了经济关系。这样使得800多名勤工俭学的学生走投无路，愤慨的学生决定再次举行游行示威，终于爆发了进驻里昂中法大学的斗争。

这天，蔡和森一家几口人刚刚吃完晚饭，就听到有急促的敲门声，蔡和森打开门一看，原来是赵世炎、陈毅和张昆弟。蔡和森忙把他们请进屋来，向警予和蔡畅也忙围了上来。几个年轻人义愤填膺，他们商量对策，决定把勤工俭学的学生组织起来，把上里昂大学的权利夺回来。

这时陈毅激动地说："保护勤工俭学学生的学习权利、生存权利！向法国政府讨个说法。""不，我们还是先去驻法公使馆找陈箓，这样更符合常理。"赵世炎也提出自己的想法。蔡畅听到赵世炎的想法坚决反对："不行，上次我们大闹驻法公使馆，他是不会替我们说话的。"

一时间大家各抒己见，相持不下。看着窗外深深的夜色，黑暗无边无际，让人喘不过气来，这时蔡和森坚决地说："我们与其在这里等死，还不如去战斗！哪怕拼个鱼死网破。法国是有钱人的天堂，北洋政府早已和法国当局勾结在一起，他们是不会管我们死活的，要想生存只有靠我们自己去奋斗、去争取。"

在蔡和森、向警予等人的号召下，9月17日，各地勤工俭学学生代表在巴黎召开会议，成立了勤工俭学学生代表大会的领导机构。大会一致决定，以开放里昂中法大学为唯一目标，拼死争回上里昂中法大学的权利。

9月22日清晨，在赵世炎等人的带领下，100多名勤工俭学的学生冲进了校园，首先占领了一幢教学楼准备与校方谈判入学的问题。忽然间，校园里几百名军警将他们重重包围，没想到陈箓又一次勾结法国当局，将蔡和森等一百多名学生抓了起来，囚禁在一个兵营里面。

被捕的学生在军营中被关了20多天。1921年10月18日，法国政府以"抢占校舍，扰乱治安"的罪名把蔡和森、赵世炎、陈毅、张昆弟等100多名中国留学生武装押上轮船，强迫遣送回国。在他们深夜上船时，有法国武装军警随船押送。至此，进驻里昂中法大学的斗争以失败告终了。

11月15日，押送蔡和森等人的船到达了香港，船上的法国军警撤走，蔡和森等人上岸到广州；一周以后，改乘招商局轮船来到上海。上海各界组织代表到码头欢迎，陈毅代表"被迫归国留法勤工俭学学生团"发言，控诉北洋政府与法国当局迫害勤工俭学学生的罪行。

与此同时，怀有身孕的向警予也打算从蒙达尼启程回国了。虽然斗争失败了，但是她并不气馁，因为她心中已经有马克思列宁主义的思想武器，她有更多的斗争经验，更重要的是她心中有坚定的共产主义信念。中国共产党已经成立了，这将是一支最先进、最有力量的政党，而且自己也将光荣地成为这其中的一分子。不管革命的过程中会受到怎么样的阻力，她都将勇往直前、永不放弃。

凭栏远望，海风咆哮着，海浪翻滚着。向警予目视祖国的方向，那是一片她挚爱的热土。此刻那里的天空正乌云密布，那里的人民正生活在一片黑暗之中。她要为祖国的天空驱逐阴霾，她要为自己的同胞点亮一盏希望的明灯。向警予在心中暗暗低吟：中国革命的高潮就要来了！站起来吧，同胞们！为了我们更好地生存，让我们坚持斗争下去。让我们一同乘风破浪，争取一个全新的中国！

十、艰难困境中的持守

向警予于1922年初也从法国回到了中国，回国后不久就加入了中国共产党，成为最早的女党员之一。

她辗转来到上海后便紧跟着丈夫蔡和森的步伐一起开展工作。由于向警予和蔡和森在经济上十分拮据，他们整日为革命奔波，又没有固定的经济收入，也没有钱支付昂贵的房租，只能靠业余写文章得到微薄稿酬来维持生计。无奈他们只好租住在了一个简陋的筒子楼里。筒子楼的下层是一家卖开水的铺子。这里的环境又脏又乱，黑洞洞的楼梯看起来多年没有打扫过，再加上终年不见阳光，使得整个楼梯阴暗潮湿，还有一股发霉的味道。但是，这艰辛的生活并没有难倒向警予，她常常乐观地和丈夫开玩笑说："你看，其实我们并不穷啊，我们还有伟大的事业可以做啊！"

1922年4月，向警予在上海生下了大女儿蔡妮。当她怀抱着这个幼小的生命时，做母亲的喜悦油然而生。蔡和森夫妇俩看着新出生的女儿，陶醉在温馨的气氛中。可是孩子出生后，他们却没有钱请奶妈照看。她和蔡和森忙于工作，又要料理家务，又要哺养孩子，但是他们并没有放弃民族大业和党的革命工作。

1922年7月，中国共产党第二次全国代表大会在上海举行。向警予和蔡和森参加了会议。会议决定在党中央直接领导下成立妇女部，向警予当选为候补中央执行委员，并担任党中央妇女部的第一任部长。

这年秋天，向警予的工作更繁重了。那段日子里，总有一些问题萦绕在她心头：几千年来中国的劳动妇女为什么会受到如此深重的压迫？怎样才能用马列主义的思想来指导妇女解放运动？在经过一番严肃认真的思考以及对比西欧工人运动和妇女运动之后，她终于发现在中国妇女只有通过与劳动阶级携手并肩的战斗，才能推翻剥削制度，妇女才能得到真正的解放。抱着这一坚定的信念，向警予废寝忘食地开始了崭新的革命工作。

然而当向警予专心地投入到工作中去的时候，又有一个问题让她很苦恼，就是自己根本没有精力去照看刚出生的女儿，这可怎么办？向警予借着去南方联系工作的机会，带着女儿来到了长沙新安岭五哥向仙良的家中。

向仙良看到妹妹时十分激动，可是当五哥听说妹妹要把刚出生几个月的妮妮留给自己照看抚养时大吃一惊："孩子还这么小，你怎么舍得离开她呢？"

是啊，哪个做母亲的会忍心离开自己可爱的女儿呢？况且这孩子才出生几个月。向警予深情地注视着裹在深蓝色粗布襁褓中的女儿，眼泪不自觉地流下来，但还是下定决心走出了大门。

从此，五哥向仙良就暂时承担起哺养蔡妮的责任。

为了进一步传播真理，向警予开始大量地撰写有关中国妇女解放运动的文章。在此期间，蔡和森主编了在全国颇有影响力的中共中央机关报《向导》周报，发行量最高时达到了10万份，并且作为中央执行委员会委员，参与中央领导工作。而向警予也不甘落后，她主编了在妇女界深受喜爱的《妇女周报》，宣传妇女解放思想。

后来，他们的生活陷入困境，蔡和森的哮喘病越来越严重了。实在筹措不到钱来看病，只有卧床不起。就在这时向警予又怀了身孕，还要没日没夜地在外为革命奔波，可是她并没有因此而抱怨，只是将生活的一切埋藏在心底；依旧照常深入到女工当中访问、谈心，为掀起第二次工人运动高潮积极地做着准备。

一天，向警予回到家后，脱掉大衣，扭头发现丈夫在床上皱着眉，她体贴地问："和森，怎么了？"

蔡和森犹豫了一下，对她说道："警予，我想和你商量一件事，母亲和妹妹想回国，可是路费不够，希望我们能尽快寄些钱过去。"

听完蔡和森的话向警予也发愁了。从哪去弄这笔钱啊！同志们也都很艰难，组织上经济更紧张，这可怎么办？但是为了不让丈夫担忧，她还是安慰他道："先别急，我们慢慢想办法。"

蔡和森能不着急吗？他心里最清楚，他们的房租已经两个月没有交了，自己的病情又这么严重，警予又再次怀孕了，每天饭都吃不饱，现在还要筹到这么大一笔钱，又有什么办法好想呢？

蔡和森犹豫半天，果断地说出自己的想法："警予，前段时间有一个书局要买我那本《社会进化史》的手稿，我当时拒绝了，现在看来，我们可以找他们再商量商量。"向警予听到蔡和森的决定，吃惊地打断他，语气坚定地说道："这怎么行？那是你辛辛苦苦写的讲稿，它还要用在课堂上，讲给学生们听，怎能这么随便就卖了呢？"

蔡和森皱着眉说："只能这么办了，要不然母亲和妹妹他们就要多挨苦日子，况且你现在又怀了身孕也应该多补补。"

向警予看着蔡和森那清瘦的脸，心里一阵阵地心酸，紧紧地握住了他的手："和森，不要担心，一切都会好起来的，我们一定能够渡过眼前的难关。"她的心中已经有了自己的想法。

第二天，向警予写信给她的家人，借到了一些钱并且把家中能变卖的东西都卖光了，把钱寄给了远在法国的婆婆，好让婆婆一行尽快回到中国。可是剩下的钱也不够维持他们的生活，蔡和森的病情一天天加重，他不得不吃更多的药。为了不让向警予太为难，蔡和森还是偷偷地将自己的手稿拿到书局卖掉了，但钱并没有一次付清。

有一天，向警予去给丈夫抓药，陈独秀独自来到他们的家中，推开门一看，只见光线黯淡的房间里面，病得愈发消瘦的蔡和森躺在床上，手里拿着一张报纸正在阅读。陈独秀忙上前握住蔡和森的手："和森，你这是怎么了？"当蔡和森看到陈独秀来看自己时，一时激动得说不出话来。

这时，向警予跨进屋门，看到蔡和森和陈独秀有说有笑，走上前去："陈先生，您来了？"

当陈独秀看着这两个家徒四壁的年轻人连生计都难以维持，心中很是难过："警予啊，都是我不好，我应该早点儿来看你们的。对了，我今天是代表党组织来给你们送钱的。"

当蔡和森听到陈独秀的话时坚决反对："我们绝不能用党的经费，陈先生你放心，我是党的一名干部，更不能以权谋私，比我们有困难的同志多的是，我不能开这个先例。"

向警予也附和道："对，我们党的经费来之不易，是为了发展壮大组织之用，我们没有钱治病是暂时的，我们会想办法克服的。"

陈独秀心中想：这是多么好的同志啊！他说："和森你不是在上海民智书局有一部《社会进化史》的书稿吗，付清款项了吗？"

蔡和森回答："因为书还没有正式出版，所以只给了一小部分。"

第二天陈独秀就托朋友让购买蔡和森书稿的书局付清了应付的稿酬。这笔钱对于蔡和森身陷困境的家庭来说，无疑是一笔救命钱，使得重病在身的蔡和森得以治病活命。

虽然在这样紧张艰苦的条件下生活，但是向警予并没有放弃对人生的持守，对革命事业的追求，她总是那样乐观积极地向着革命胜利的方向坚持前进。

十一、矢志不渝的信仰

王会悟1898年出生于浙江桐乡乌镇，家中共有兄弟姐妹4人，她排行老二，父亲是一位教书先生，母亲操持家务，家境比较清贫。在她13岁那年，父亲病逝，王会悟就接替了父亲教书，学生反映小王先生教得好，跟老王先生一样。1920年她在湖州的湖郡女校完成了4年的学业。在这4年里她一边读书，一边教低年级的学生们写作文，凭着一份执着和坚强的毅力，她坚持学习了4年的英语，打下了较好的英语基础。

后来，王会悟经常听到许多向警予的故事，心中很是仰慕这位大名鼎鼎的女性，可是由于工作不同，两个人一直没有见过面。

机会终于来了，王会悟接到上级通知，要让自己和其他几个妇女干部在向警予的领导下，进一步扩大平民女校的规模，使更多的妇女干部能够进入到这个进步文化的摇篮。

在王会悟的想象中，向警予应该住在一个宽敞而明亮的公寓里，可是眼前这糟糕的环境实在是她没有想到的，整个楼道里充满闷热的气息，每上一级台阶，脚下的楼梯就发出咯吱咯吱的声音。

站在向警予家门口，王会悟整理了一下自己的衣服，拍了拍身上的尘土。她平时见惯了那些留洋的女学生们，一个个端庄漂亮，洋装皮鞋，想必向警予也该是这样的吧。门没关，她礼貌地敲了敲门，伸头向里望了过去，立刻被眼前的一幕惊呆了：这是一间很小的屋子，几乎连转一下身的地方都没有。一个穿着土气、不加任何修饰的女子呈现在眼帘，向警予抬头看见了站在门口的王会悟，微笑地打招呼，王会悟这才回过神儿来，听到向警予亲切地说："来了？听说你搞平民女校和《妇女声》杂志，办得很不错。"

王会悟看着眼前的向警予，不禁笑了起来，这张清秀而不加任何修饰的面孔和自己想象的一点儿都不一样。她和向警予谈起工作的时候，更是觉得这是一位志向远大、谦虚的同志，有着昂扬的革命斗志，这让王会悟明白了向警予之所以受众人爱戴和尊敬的原因。

1924年5月25日，向警予和蔡和森的儿子蔡博出生，为了集中精力做好党的工作，她又把蔡博交给蔡和森的姐姐蔡庆熙哺养。

当她这次来长沙时，更多的是对往日友情的无奈。原来两年前，向警予为了联系工作回到了长沙。她很是想念周南女校的同学和师生，就去看望了她们，同时故乡溆浦也在吸引着向警予，她是多么渴望回到久别的故乡啊！这是她自1919年离开溆浦后第一次也是最后一次回到家乡。

　　向警予当时在长沙给父母买了一些礼物就上船了，那一刻，她突然流下了眼泪。灿烂的阳光洒落在黄黄的稻田里，清澈的小溪碰撞着乱石仿佛在轻轻低唱，就像迎接这位漂泊在外的游子。她的眼前掩映着昔日亲人的笑容，掩映着溆浦的山山水水，掩映着那条整日流淌的溆水河。

　　当向警予推开家门时被眼前的现象惊呆了，年近八十的父亲已经满头白发。当她看到二哥时，更是一幅令人心酸的情景：面色苍白、骨瘦如柴的二哥无力地躺在床上，桌子上摆满了药罐，消瘦的二嫂正在艰难地为二哥翻身。不过说来也怪，警予回来后，二哥的病仿佛好了一些，能够多吃几口饭，也能下地走几步。父母慈爱地围坐在一起，侄儿们进进出出，让向警予尽情地沐浴在家庭的温暖中。

　　在回家的这些天中，向警予来到了她亲手创办的溆浦学堂，这里的学生已经一批批毕业，其中有不少进入了革命的行列。她离开溆浦学堂后最惦记的就是吴家瑛，是她亲手将溆浦学堂校长的职务移交给了吴家瑛。吴家瑛身负重任，没有辜负向警予的期望，将溆浦学堂治理得井井有条。

　　但是她没有想到那个曾经和自己志同道合、并肩作战的好姐妹，居然和自己背道而驰了。现在的吴家瑛已经不是以前那个坚持"教育救国"的小姑娘了。她当上了湖南省议会的女议员，成为反动军阀的一名政客。她决定亲自去跟吴家瑛谈一谈。虽然向警予知道这是对她们多年来深厚友谊的考验，但是她坚决不能就这样看着旧日好友，在错误的人生之路上沉沦下去。

　　吴家瑛的家宽敞而明亮，花园里的花草树木修剪得整整齐齐，向警予一脚踏入她家富丽堂皇的客厅，就皱了皱眉头，眼前的吴家瑛更是变得让她有些认不出来了。她衣着华丽，举手投足间还有一股官僚的做派。看到向警予，吴家瑛十分热情地拿出几样点心，递到她面前。向警予摇了摇头。将点心放在一边，说："家瑛，听同学们说现在你是我们湖南省为数不多的几个女议员之一了？"

　　吴家瑛颇有成就感地点了点头："是啊，现在可以参政了，妇女解放等问题都可以通过提案作合法的斗争，我们一直希望可以找到一条妇女解放的道路，现在终于有了。"

向警予本不想伤了两人多年来的情谊，但她知道，在妇女解放和社会改造的原则问题上是绝不能让步的。家瑛这是在搞资产阶级的女权运动，于是向警予尖锐地指出吴家瑛的错误："家瑛，你错了！真正的妇女解放是靠广大劳动妇女联合起来共同斗争得来的，必须要和群众紧密结合起来。真正的妇女解放绝不是仅仅靠几个女知识分子参加的那些所谓的冠冕堂皇的合法斗争。"

吴家瑛听了向警予的话有些吃惊，她原本以为自己现在在政府部门工作，在妇女解放事业上，已经比向警予前进了一步，可是没想到向警予竟然这样说自己。她一脸严肃地对向警予说："警予，你是从法国留学回来的人，在外面应该长了不少见识，外国那么多女议员，不都在积极工作吗？难道我们就不能像她们一样吗？"

向警予听出了吴家瑛话语略带讽刺的意味，她说："我们国家的政治形势跟国外是不一样的，湖南政府让几个女人当选议员不过是摆摆样子罢了。他们假意民主，让妇女参政，实际上是为了掩盖他们丑恶的嘴脸。你想想，你们几个女议员的力量有多大？能为广大受压迫的妇女争取到多少利益？你们做出的提议他们会听你们的意见吗？"

吴家瑛沉默了，她本想反驳一番，却又发现自己全然失去了往日善思善辩的才能，而且心里那些准备阐述的理由，在旧友面前，突然显得苍白无力。向警予看到吴家瑛的样子，担心这样尖锐的语言会打破她们两个的友谊。她站起来走到吴家瑛身边，握住手，说："家瑛，要让妇女得到真正的解放，必须将生活在社会底层的广大劳动妇女发动起来。我们只有和她们站在一起，团结起来共同奋斗才能彻底得到解放。资本主义那套在中国是行不通的，坚持走共产主义道路才是救国救民的正确之路啊！"

吴家瑛还是想不通："警予，男人能从政，怎么我们女人就不能？男女平等不就是要求能够得到相同的权利吗？我们女人当上了官，不是就可以为女人办事了吗？"

　　向警予失望地叹了口气，既然两人意见不一，又说服不了彼此，那么，她只能与这位昔日的好友话别了。

　　向警予和吴家瑛虽然政治理想不同，但毕竟是多年的同学、同事、同乡，情感上总有一层割舍不下的牵挂。

　　吴家瑛后来来到武汉，也常和向警予联系，她屡次劝说向警予脱离共产党，但都被向警予拒绝了。

　　1927年的阳春四月之际，武汉已是春风和煦，吴家瑛正在家中准备议会提案，突然，向警予走进来。看到天已经这么暖和，向警予却还是穿着一身旧棉袍，脸色苍白，一副疲倦不堪的样子，吴家瑛心一酸，上前抱住了向警予。

　　吴家瑛关切地问道："警予，你这是从哪来，又要到哪去啊？"

　　"我来武汉是有一些工作要做，顺便也来看看你。"向警予温柔地看着吴家瑛。

　　"警予，看你这一路风尘，快去洗个澡吧。"

　　吴家瑛赶忙找出自己的一身薄绸衫递给向警予。向警予洗完澡后，换上这身墨绿色的薄绸衫，连连说道："这衣服太舒服了，太舒服了。"

　　向警予这天晚上就住在了吴家瑛的家里。她们谈同学，谈父母，谈共同创办的女校，谈各自的家庭，唯有一个话题是谁也不能涉及的，那就是她们的政治见解。因为她们始终坚持自己的信仰，谁也不肯放弃自己的主见。

　　第二天一早，向警予就告别了吴家瑛，她们一起吃早饭时，眼看着分别在即，两个人都沉默不语。

　　这时，吴家瑛先开口："警予，我昨天是一直忍着没开口，是怕扫了你的兴，今天你就要走了，我不能把话憋在心里面。"

　　向警予停住筷子，抬起头来："你要是劝我退出共产党，我可以告诉你，这是永远不可能的，我的信仰是共产主义，我愿意为中国共产党而献出我的全部，甚至是生命！"

　　吴家瑛无奈地摇了摇头："既然你这么肯定，我只好祝福你了。"

这次相见，是向警予和吴家瑛的最后一次见面，一年后，向警予就壮烈牺牲了。

在人的一生中，总是不能缺少可以带来无尽快乐的友谊。与吴家瑛的友谊结束后，向警予的革命思想又进一步成熟了，她以正直、宽厚、诚挚的心赢得了更多志同道合的革命友谊。

十二、罢工斗争的胜利

1923年6月，在党的三大上，向警予继续当选候补中央执行委员，并担任中央妇女运动委员会第一任书记，肩上的担子又重了许多。她要带领全中国的劳动妇女走向解放，走向自由，这是一项光荣而又艰巨的任务。

从1922年香港海员大罢工到1923年京汉铁路工人大罢工，全中国出现了第一次工人运动的高潮。这一时期，中国的女工也以战斗的姿态投入到了罢工的行列，向警予作为罢工发起领导人，自然走在了罢工运动的最前列。

有一天，正在办公室里整理文件的向警予看见王春熙闷闷不乐地坐在桌子前，这原本是一个热情开朗的姑娘，怎么最近变得这么沉默了呢？她走到王春熙面前，关心地问："小王，你怎么不高兴了？是不是有什么不顺心的事？跟大姐说说。"

王春熙一向很崇拜向警予，知道向警予是个可亲且值得信赖的人，于是吐露了心声。原来王春熙一直很喜欢宣传和联络方面的工作，觉得那些工作既紧张又刺激，而自己现在在机关的工作枯燥、乏味，一点儿也不符合她参加革命的初衷。

向警予听了，淡淡地笑了笑。她决定启发和引导这个干劲十足的年轻人，去做劳动妇女的工作。于是说："小王，你觉得妇女运动重不重要？"

王春熙很利索地回答了一句："当然重要，妇女同志受压迫这么深，我们应该积极地去帮助她们。"

"对啊，"向警予见小姑娘来了精神，继续说，"妇女运动也是咱们工人运动的一个重要的组成部分，劳动妇女受到的压迫最深，也是最有力量的，我们要广泛动员她们，帮助她们脱离苦海，摆脱被压迫的命运。虽然去年丝厂女工的同盟罢工失败了，但是她们的斗争是中国劳动妇女运动的开端。小王，你为什么不利用业余时间和我一起走到女工们中间去做工作呢？"

一席话说得王春熙茅塞顿开，对啊，自己也可以随着向大姐去开展有声有色的妇女运动啊！于是一颗年轻向上的心便跃跃欲试起来："太好了，向大姐，我要跟你一起干，为女同胞们争取权利。"

而这时向警予却说："好，妇女运动要顺利进行，首先要打开'闸门'。"

王春熙瞪大了眼睛问："什么是'闸门'？为什么没有打开呢？"

向警予温和地解释道："我们解放的主要是劳动妇女，上海的劳动妇女大多集中在工厂里。女工苦，丝厂的女工更苦，我们首先要做好的就是丝厂女工的工作。在上海，新闸、闸北地带有38家丝厂，女工上万名。如果我们能够把这批工人发动起来，相信这将是一个好的开端，这不就是把妇女运动的'闸门'打开了吗？"

王春熙听后很受启发，她郑重地点了点头："向大姐，我明白了，我要跟着你一起干，我们到工厂去开展工作吧！"

从此，王春熙在向警予的启发下，积极深入到闸北女工中去开展工作，并在党的三大机关附近设立了联络点，工作干得很出色，不久就加入了中国共产党，成为向警予很得力的助手。

领导工人运动的过程是极其艰难的，向警予的聪明与勇敢也在工作中一天天体现出来。泰来丝厂女工举行罢工，她们向厂方提出减少工时、增加工资的要求，其他丝厂的女工也纷纷响应。这次罢工有一万多名女工参加，向警予也以昂扬的姿态全身心投入到罢工中。

但是，由于女工斗争经验不足，罢工领导权被坏人把持，并和资本家串通一气，欺骗工人，共同对付工人，罢工以失败告终，工人提出的合理要求根本就没有实现。

向警予总结了这次失败的原因，发表了《中国妇女运动》一文，明确指出了只有劳动妇女才是最有力量、最有前途、最具革命精神的妇女运动的主力军。

泰来丝厂女工罢工失败后，为了支援丝厂女工，解决她们暂时的生活问题，向警予组织一批妇女干部上街进行宣传募捐，她讲话有很重的湖南口音，为了使演讲有更好的宣传效果，使人们都听得懂，她抓紧一切机会苦练普通话，有时还到江边对着江水练嗓子，在家对着镜子练手势。上街募捐时，她手里拿着一个装钱的竹筒，走到热闹的街口找到店老板借条长凳，站在凳子上就讲起来，并带领其他女同志一起参加宣传募捐的活动。

由于许多女工文化素质较低，很多人甚至根本不认识字，因此，她们只看到自己的苦处却不关心政治和国家大事，所以，向警予在召集女工们开会时就遇到了不少的困难。

一天晚上，向警予和一个女同事一同去女工夜校讲课，途中路过工人们居住的低矮草棚，看到工人同胞们凄惨的生活场景，向警予心中感慨万千：我们勤劳善良的工人同胞们就是生活在这种用草席搭成的窝棚里啊！这阴暗狭窄的小窝棚怎么能够为他们挡风寒、遮雨雪呢？他们整日没命地工作，却仍旧衣不遮体、食不果腹，这是多么不公平啊！

想到这，她眼前忽然一亮，便有了一个开展工作的好想法。

来到工人夜校后，向警予登上了讲台，但是她不着急讲课，而是带领大家唱起了流行在女工中间的一首叫做《女工苦》的歌谣：

踏进工厂门，
自由被剥尽。
老板心太狠，
我们像犯人。
黑心领班女工头，

凶暴又残忍。

做工稍不慎，

打骂重罚甚至赶出门。

…………

　　唱着唱着，台下许多女工都已经热泪盈眶。她们联想起自己的悲苦遭遇，怎能不落泪呢？

　　向警予望着这些质朴、善良，却每日挣扎在贫困中的女同胞们，眼睛不禁也渐渐湿润了……

　　1924年1月，在向警予的领导下，上海闸北区丝厂女工举行了罢工，接着全市丝厂纷纷响应，上万名丝厂女工开始了声势浩大的罢工行动。

　　上海的冬季又潮又冷，又是一个新年，各家都挂上了红色的灯笼，街上不断传来喜庆的爆竹声，可是向警予和蔡和森的小家庭冷冷清清，孩子们又不在身边；而且向警予还有好多的工作要做，她觉得过年期间正是走家串户，宣传革命的好时机，她一连几天走访了一些女工家庭。

　　随后几个月，在向警予的领导下，上海闸北区丝厂女工协会的姐妹们团结了起来。资本家们害怕了，他们无理开除女工，并与警察勾结，抓走了6名女工，女工的处境更加恶劣了；接着，丝厂又以丝价跌落、原料不足为借口，降低工资，延长工时。

　　就在这时，虹口同丰永纱厂、元丰丝厂、新闸路慎昌等厂的工人，也同资本家进行了斗争。6月，资本家们无理地决定每日最多3角2分的工钱，比1923年又减少了3分。这样一来，激起了女工们更大的愤怒。工人们认识到，只有团结起来进行斗争才能维护自己的权益，罢工终于再次爆发了。

　　在这次罢工中，声势和规模比1922年的时候大了许多；工人们比以往更加团结，因而战斗力更加强大。丝厂资本家在汹涌澎湃的女工罢工面前十分惊慌。他们采用种种手段妄图去破坏这次罢工。女工在向警予的直接指挥下绝不后退，并且提出口号："工资不到4角5分不上工，不释放被捕的姐妹们不上工。"

罢工坚持了半个月，得到了上海所有人有力的支持，最后终于迫使资本家答应了工人们的部分要求，这次罢工运动取得了重大的胜利。

通过一次次顽强的战斗，向警予的领导能力和组织能力越来越强，她的斗争也有了新的方向。在她的带领下，广大女工们的思想觉悟迅速提高，她们在一次次实践中锻炼了自己的意志，获得了斗争经验，为日后的工人运动寻找到了新的斗争方向。

十三、培养党员的向大姐

在向警予领导妇女运动的过程中，有不少女同志都得到过她的帮助，受到过她的影响，她们热心参加妇女工作，成为党早期从事妇女解放运动的骨干。蔡和森的妹妹蔡畅曾这样评价向警予："在中国共产党中，向警予时常被人称为'向大姐'或'革命妈妈'。"

那时，中国共产党刚刚成立不久，一些女知识青年来到上海。她们有的受到新思潮的影响，有的摆脱旧式婚姻的束缚，立志寻找党的组织，成为一名坚定的共产党员。

王一知，便是其中一位。她在向警予身边工作了8年，最让向警予难忘的是与王一知初次见面时的情景。

1922年3月，在上海平民女校就读的学生王一知来拜访向警予。在此之前，王一知从来没有见过她，只知道向警予是从法国留学回来的知识型的新女性，博学多才，出口成章，曾经组织参加过许许多多活动。

王一知的心中对向警予充满了敬佩和爱戴，她想自己即将见到的向校长肯定是装扮洋气、气质不凡的女人。可是，当向警予打开家门迎接她的时候，王一知发现，向警予与自己想象中的样子完全不一样，她身上没有半点儿洋气装束，但她那双和善的眼睛里却充满了智慧与信念。

向警予热情地接待了王一知，当得知王一知也是从自己的家乡溆浦县走出来的女学生时，抑制不住一阵激动。她早就想回家看看了，一直没有机会。向警予兴奋地拿出自己的新鞋和新棉袍让王一知看，高兴地说："你看，这是家里给我寄来的棉衣、棉鞋，是咱们家乡最流行的样式，很好看吧！"

王一知接过棉鞋，发现这鞋又大又肥，鞋是青布的，很土气。特别是鞋子上面的两行白瓷小扣子，显得更加难看。王一知不好意思地笑了笑，说："向大姐，这些样式都是很多年前流行的，现在的人早就不穿了，我陪你去找裁缝改一个吧，这样穿出来洋气些。"

向警予小心翼翼地收起衣服，说："不要紧的，能穿就行了，我没那么多讲究。"

简短的沟通之后，向警予开始和王一知讨论学习问题。向警予的话是那么深刻，又那么有道理，王一知仔细地聆听着，生怕漏掉一个字，因为那些都是书本上没有的。

从此之后，王一知便经常来找向警予谈心，把她当做亲姐姐一样。向警予也时常接待她，有时还到王一知等人的宿舍去找她们讨论问题。向警予用马克思主义理论来启迪她们，用存在决定意识的唯物主义观点分析劳动妇女与知识妇女的区别，并鼓励王一知她们热情地到劳动妇女中去工作，去锻炼。

像王一知这样由向警予一手关心、培养起来，成为一名坚定的共产党员的不止她一人，邓锦珊也是其中的一位。

1928年年初的时候，向警予在武汉领导硚口区党组织的地下工作。由于区委书记龙大道同志在茶馆与人力车工人接头时被反动派逮捕，给区委工作造成很大的损失，导致这里的党员队伍力量很弱。向警予决定全力以赴地深入这个区，发动群众，重新组织队伍。经过一段时间的努力工作，发展了一批坚定可靠的同志，继续坚持同敌人进行针锋相对的斗争。邓锦珊也就是在这个时候被向警予注意到的。

邓锦珊当时只有18岁，担任硚口区委的地下交通员。有一次，向警予在汉口河街的小房子里和支部同志们商议，准备组织一次劫狱，把区委书记龙大道等人救出来。最后，大家研究决定派邓锦珊执行任务。

在研究完具体行动计划后，邓锦珊却突然红着脸对大家说："这件事情可不要告诉我母亲……"

向警予很是奇怪，这么大的小伙子，还要担心妈妈会管着他吗？

这时，一位了解邓锦珊的同志悄声对着向警予解释道："他是个独苗，家里只有他这一个儿子，他妈妈见他不顾一切地参加革命活动，总是放不下心。"

向警予微笑地对邓锦珊叮嘱："你不要担心，你母亲那里的工作由我来做，你在执行任务当中一定要注意安全啊。"

从此向警予便留心，她准备在适当的时候帮助邓锦珊，卸掉思想包袱，轻装参加战斗。她了解到邓锦珊家有四个姐姐，而只有邓锦珊这一个男孩子，并且是三代单传。

她从别的同志那里打听到邓锦珊的家就在石码头右二巷，于是一天傍晚，亲自登门去看望邓锦珊的母亲。

向警予做了一番自我介绍，便接过邓妈妈手中的活儿，一边聊天一边讲起了她的儿子邓锦珊。

邓妈妈其实并不是一个十分守旧的家庭妇女，只是因为家中只有邓锦珊一个儿子，便十分担心他的安全。邓妈妈见向警予这么随和可亲，又特意来看望她，心中自然十分感动。

向警予和邓妈妈讲起了革命老人葛健豪的故事：葛健豪一家两代人都去法国深造，为革命支持儿女工作，儿子儿媳、女儿女婿都参加了革命工作，孩子全都由老人照顾……

"她老人家难道就不怕自己的孩子有生命危险吗？我能理解您老人家的心情，我自己也有儿有女，但是为了普天下更多的儿女们都过上幸福生活，我们的儿女们做一些牺牲又能算得上什么呢？"

听了葛健豪的故事，邓妈妈深深地被感动了，她第一次听说还有这么伟大的母亲，想想自己，便觉得不好意思起来。

向警予便进一步启发她的觉悟，给她讲中国妇女为什么受压迫，人民群众为什么生活在水深火热之中。向警予和风细雨式的引导，打动了善良、正直的邓妈妈，让她慢慢地明白了不少革命道理。

此后，邓妈妈再也不阻拦儿子参加革命活动了，并且常常支持儿子的工作。渐渐地，她的家也成了同志们接头联络的一个据点。

邓家本不富裕，常来常往的同志多，有时地下党的同志吃住在家中，邓妈妈不愿让同志们受委屈，竭尽全力地来招待他们。有时，往来的同志们过意不去，执意要留下一些钱给邓妈妈贴补家用，都被邓妈妈挡了回去："你们把我看成什么人了？我不是开店的老板娘！"为了热情地接待地下党的同志，邓妈妈把家里的东西几乎都当光了。

在母亲和弟弟的言传身教下，邓锦珊的几个姐姐也受到了革命影响，她们成了母亲的好助手，为党做了许多工作。

向警予听说这些事后，深受感动。为了帮助和培养邓锦珊，向警予耐心地启发他："你知道人民为什么受苦受难吗？乡里的农民一年四季在太阳底下干活儿，为什么还饿得面黄肌瘦？地主一年四季在屋里不做事，为什么吃得油光水滑……"

她还给邓锦珊一点点讲什么是帝国主义、什么叫资本家、什么叫地主，还说我们中国的铁路、银行和矿山都被外国霸占了，如果不把帝国主义和封建主义打倒，我们中国的劳动人民就不能翻身。

在向警予的悉心培养下，邓锦珊思想进步很快，他经常冒着生命危险为党组织传递信息。

不久，他向组织提出了入党要求。向警予就进一步启发他，为什么要加入共产党，共产党人干革命不是为了自己，不是为了小家庭，而是为了中国和全世界人民都能得到解放。后来，通过严格的考验，向警予召集支部成员研究，正式批准邓锦珊入党。

每当邓锦珊回想起向警予对他的培养和帮助，他都会感激地说："是向大姐带我走向光明的革命之路，向大姐对我的教育和培养就好像是灯塔对航船的引导，好像是阳光对树木的照耀。"

像这样许许多多的共产党员都是由向警予亲自培养并介绍入党的，我党优秀的党员杨之华也是"向大姐"亲自培养的。

有一天，杨之华的入党介绍人瞿秋白同志找到她说："杨之华同志，明天上午你跟我一起到向警予同志家中去，谈一下你的入党问题。向警予同志很是关心你，她经常和我谈起你的情况……"听到这个消息后，杨之华激动地跳了起来。

这时的杨之华从上海大学毕业，正是国共合作时期，她被分配到国民党上海执行部妇女部，在向警予的领导下，她积极开展工作。从革命信仰到人生理想，从工人运动到妇女解放，在工作上向警予对杨之华进行指导和教育，在生活上向警予又像大姐一样关心着她，杨之华也从心底里尊重和敬仰这位大姐。在向大姐的指导下，杨之华由一个不谙世事的学生，成长为一个坚定的革命者。

杨之华心底有一个愿望，就是加入中国共产党，成为向大姐一样坚强的革命斗士。

这一天终于到来了。第二天清晨，杨之华收拾好自己的房间，把屋子里每一个角落都打扫得干干净净，然后她站在镜子前，仔细地整理着自己的衣装，高高兴兴地出门了。

上午10点左右，杨之华在法租界的蒲石路下了电车。以前为工作上的事情曾多次来过向警予的家，这次却不同，本来5分钟就能走完的路这次在杨之华的心中变得很漫长。这是因为，她的心跳得实在太快了，既想拖一拖时间来稳定一下自己的情绪，又急切地想见到向大姐和瞿先生。

杨之华从后门轻轻地走进楼下的一个厢房内，这就是向警予和蔡和森暂时的家。那时候党的机关没有正规的办公室，他们家就常常成了党的活动场所。

走进向警予家门，便看见穿着短布衫、黑裙子，梳着齐耳短发的向警予端坐在床边，给躺在病床上的蔡和森喂药。她不敢出声，静静地等着向警予做完这一切。放下碗，向警予转身看见了站在门口的杨之华，高兴地说："之华，快进来坐，你呀，早就应该来了。"

　　杨之华明白向警予说的"早就应该来了"的含义，是指早就应该来跟她谈入党的事。杨之华与向警予并肩坐着，不好意思地说："向大姐，以前我一直觉得自己工作开展得不顺利，好多工作不得要领，我应该多向你学习呀。"

　　向警予和杨之华正谈着，门外响起了敲门声，原来是瞿秋白同志来了。像以往一样，瞿秋白先生走到蔡和森身边，关心询问了蔡和森的病情，然后和向警予、杨之华谈起了丝厂罢工的形势。谈过这些，瞿秋白对向警予说："警予，我们这次来，主要是想跟你谈谈杨之华同志入党的问题。虽然我们之前也讨论过，但是她是你看着成长起来的，我想和你一起听听杨之华同志入党的动机。"

　　杨之华一听，心情顿时紧张了起来，紧紧握住拳头。向警予把这一切都看在眼里，走到她身边，轻轻地拍打着她瘦弱的肩膀，冲她笑了笑，那温和的笑容使杨之华平静了下来。这样的眼神给了她极大的鼓舞和信心，心里便轻松了许多。于是，她言辞诚恳地向两位介绍人讲述了个人的成长经历、党团组织对她的培养，以及对党的认识和献身于党的决心。

　　杨之华的话音刚落，向警予就一边鼓掌一边赞许地向她点头。瞿秋白听完杨之华的叙述，冷静地分析了她的思想认识，向她解释阐明了马克思主义对无产阶级政党的定义。最后，他站起来握住杨之华的手说："杨之华同志，你加入中国共产党的动机是完全正确的，我愿意做你的入党介绍人！"

　　听了瞿秋白的话，杨之华长长地舒了一口气，她激动地走到向警予面前，两个革命道路上的好姐妹紧紧地相拥在一起。

　　虽然没有一句道贺的话，但杨之华知道，向大姐此时的心情和自己是一样激动。她从向警予那热烈的拥抱中感受到一种巨大的鼓舞。这是一种对信念的鼓舞，对生命的鼓舞！后来，杨之华回忆起这件事的时候，说："虽然在入党的表上没有写着向警予是介绍人，但实际上她是我入党的促进者，有力的帮助人。"

　　向警予不仅鼓励杨之华入党，她还帮助杨之华摆脱封建婚姻的束缚。杨之华有过一段不幸福的婚姻，迫于家庭的压力，她一直苦苦地坚持着。她不敢向别人诉说，更没有想过要离婚，她看着眼前善解人意的向大姐，还是将自己的不幸讲给她听。向警予说："时代不同了，我们追求的是婚姻自由，相爱的两个人要走到一起，没有感情的两个人也不必勉强在一起。你是知识女性，又是妇女干部，难道还想维持这种有名无实的婚姻吗？"

在向警予的支持下，杨之华终于鼓起勇气向丈夫提出了离婚。1924年11月27日、28日、29日，上海《民国日报》连续登出三则引人注目的启事：第一条是杨之华、沈剑龙正式脱离婚姻关系；第二条是瞿秋白、杨之华正式结成恋爱关系；第三条是沈剑龙、瞿秋白正式结成朋友关系。

为了纪念这生命的结合，瞿秋白找来了一方五彩斑斓的寿山石，篆刻了四个古朴俊秀的字："秋之白华"，把两个人的名字巧妙地结合在一起铭刻在这石头上，也铭记在心里，以示永志不忘，始终不渝。

从此之后，杨之华更加热忱地投入到革命工作之中。在革命的道路上，受到向警予影响的人还有很多。党的妇女干部李一纯这样说："向警予是我党早期无产阶级革命家，妇女运动的坚强战士，是妇女中出类拔萃的人。她身教重于言教，是我们学习的榜样和楷模。"

十四、为女工募捐的故事

生命中有许多有益的收获都是由点滴的小事开始的，对于李一纯来说就是这样的。

李一纯，原名李崇英，是一名新思想的湖南青年，1923年参加革命，1924年随同李立三来到了上海，与向警予、蔡和森等一起工作，1925年经向警予介绍加入中国共产党。

向警予在担任妇女部部长时，每天从清晨忙到深夜，像一架不知疲倦的发动机。李一纯看见本来就单薄瘦弱的向警予一忙起来便废寝忘食，因此十分担心她的身体。而向警予却总是很乐观地对她说："你瞧我的精神多好！"

就是在这样繁重的工作中，向警予仍然细心照顾着李一纯的生活起居。

本来向警予头天晚上写完了文章，第二天由李一纯送到报社去，但是向警予考虑到李一纯还年轻，应该多睡会儿，就经常不告诉她，第二天早上亲自送到报社。她细心的关爱犹如无声的春雨一般滋润着李一纯的心田，李一纯便将无言的感激化作革命的热情，积极主动地配合向警予开展工作。

1925年5月30日，震惊中外的五卅反帝爱国运动像烈火一样燃遍整个上海，席卷全中国。共产党员顾正红的壮烈牺牲，是五卅运动的导火索。顾正红牺牲后，资本家们为了遏制工人运动，有的工厂宣布停工，不许工人进入工厂，有的工厂拖欠工人工资，使无数工人的辛勤劳动得不到回报；尤其是那些深陷困境的女工们，更是吃不饱、穿不暖，没有了工作，生活也陷入重重危机之中。

妇女部的同志们忙得热火朝天，为了苦难的女工们，她们发出号召，让社会为她们捐款，帮助同胞渡过难关。

这天，李一纯正在整理宣传资料，这些资料是她们准备在募捐时发给大家的。这时，门外匆匆进来一个穿着很奇怪的人，仔细一看，李一纯笑了，原来是穿着雨衣的向警予走了进来。李一纯扭头向窗外望了望，烈日当空，万里无云，哪有一点儿要下雨的迹象啊。

向警予走过来一边抱起刚刚整理好的宣传单，一边挥着手对大家说："同志们，穿上雨衣，拿上雨具，我们出发了。"

大家一个个露出惊讶的神色，问："向大姐，大晴天的我们干吗要穿雨衣啊？"

向警予神秘地笑了笑："相信我吧，一会儿就知道为什么让你们穿雨衣啦。"

南京路上车水马龙，一派热闹的景象。那些平日里受惯了欺压、变得麻木的市民并没有因为几天前的惨案而受到任何触动，国民的反抗意识还不够强大。这是因为她们工作做得还不够到位，到底要用什么法子才能让国人真正觉悟呢？向警予这一次陷入了沉思。

"请您为被资本家赶出工厂的女工们捐一点儿钱吧！"

"请您帮帮那些苦难的姐妹们吧！"

"请您捐些钱吧，哪怕只是一点点，对女工们来说都是莫大的帮助！"

…………

同伴们的声音在向警予耳边响起，她回过神来，走到热闹的街口，从店老板门口借来一条长凳，然后将它摆放在路中央，从容地站了上去，她高举着手里的宣传单大声演讲起来。她言辞犀利，一针见血地指出资本家的剥削本质，呼吁大家都来资助那些处于水深火热之中的工人们。围观的人越来越多，有人指指点点，有人点头称赞，还有人被向警予的演说感动得流下了眼泪。李一纯抱着竹筒做的募捐箱走到了围观群众面前，一位衣着寒酸、工人模样的群众，用沾满油污的双手在衣服上的兜里摸索着，好不容易才拿出一张揉得皱巴巴的钞票毫不犹豫地放进了募捐箱，说："我也是个工人，我知道工人生活的艰难，可是我只有这点儿钱。实在帮不了你们更多了。"李一纯理解地点了点头："谢谢你，钱不在多，你的这份心意已经足够了！"

几个穷学生一直全神贯注地听着向警予的演讲，他们摸遍身上所有的口袋，把能找到的钱全部投进了募捐箱，李一纯高兴地向他们道谢："感谢你们的捐助。"学生们反而有点儿不好意思了，说："这有什么好谢的呢，这都是我们应该做的。真正该感谢的是你们，你们才值得我们钦佩。"

可是，也有许多人不理解她们的工作，有人指着长凳上的向警予嘟囔："看呀，一个女人，站在那里指手画脚地大声嚷嚷，多不雅观呀！"他们哪里知道那些被赶出来的女工，生活有多么窘迫，多么可怜啊！

李一纯抱着沉甸甸的捐款箱走到他们面前，说："请你们捐一点儿钱吧，救救那些可怜的姐妹们。"这些人一听，有的转身离开了，有的小声说自己日子也不好过，也悄悄地走了。李一纯摇了摇头，内心一阵沮丧和失望。

"同胞们，帝国主义正在侵略我们的国家，我们要团结起来，反抗，反抗，再反抗！"说话间，向警予将怀里抱着的宣传单用力向天空抛撒，那一张张写满控诉的纸从天而降，漫天飘洒着，像是工人们无声的呐喊，深刻揭露了帝国主义和资本家对中国工人的残暴罪行。这时围观的人们纷纷跟着喊起口号，接拾传单。女干部们的捐款箱越来越满，越来越沉。

这时，李一纯看见不远处有一家商号，商号里的账房先生正眯缝着眼睛望着这边。这样阔气的商号应该有很多钱吧，他一定会捐好多钱来救自己的姐妹吧。李一纯这样想着，抱着捐款箱大步走进了商号："先生，请您为受苦的同胞们捐一些钱吧！"

账房先生先是一愣，似乎他根本没有捐钱的打算，然后捋了捋下巴上的几根胡须，眼珠儿滴溜溜转了几下，很不情愿地拉开手边的抽屉，用两根手指夹出两张皱巴巴、脏兮兮的钞票，看都不看地想塞进箱子里。李一纯看着十分生气，满脸涨得通红，没想到这么有钱的人居然只捐了两毛钱，看他一身绫罗绸缎，光是手指上那个硕大的戒指就值不少钱吧，这实在是太过分了，她扭过头去不接他的钱，满腔的怒火仿佛要将这商号点燃一般。

向警予望见这一幕，径直走了过来，一手拿过李一纯的捐款箱，一手不卑不亢地接下了这两毛钱，还客气地向账房先生说了一声："谢谢！"

李一纯气愤地说："向大姐，那个先生如此吝啬，那么有钱的人却只拿这么一点点钱来打发我们，简直是在侮辱我们！"

向警予和蔼地对李一纯说："我们来募捐，一方面是要为工人解决生活上的困难，另一方面是要唤起民众的反抗意识。我们可别光看这几个钱啊！你看，我们通过这样的宣传，揭露了帝国主义，教育了民众，让她们明白了资本家对工人们的剥削与压榨，这才是我们的目的呀。"

李一纯点点头，她这才明白自己的目标还不够长远，真应该向向大姐学习。正说着，远处的人群骚乱起来，英国巡捕的消防车冲进了人群，高压水龙头疯狂地冲着正在募捐的人们一阵猛喷，犹如一条白色的巨龙横扫了过来，人们惊叫着四处躲藏。李一纯这才明白为什么向警予让她们都穿上雨衣，原来，那些心狠手辣的资本家还有这一招。

向警予将捐款箱放进李一纯怀里，说："保护好自己！"然后一头冲进了人群，李一纯还没反应过来，向警予已经站在了人群的最前面，凶猛的水柱无情地喷射在她的身上。但是她毫无畏惧之色，任由那带着强压的水柱冲遍全身，依旧挥动着手臂，抗议帝国主义者屠杀中国人民的罪行。水溅得她睁不开眼睛时，她就用手抹一把脸，继续慷慨陈词。换一个地方，她又水淋淋地站在高处进行演讲，帽子上的水不断地滴下来，也不能使她的演说中断。

在场的每一个人，内心都升起一股油然的崇敬，因为他们眼前有一位英勇的战士，一个浑身水淋淋但却意志坚定的共产党员，她在用激昂的声音顽强地呼喊着、战斗着。

后来，在向警予一点一滴的耐心帮助下，李一纯逐渐懂得了许多的革命道理。李一纯向向警予提出了入党要求，经向警予介绍，她成为一名光荣的共产党员。

作为妇女运动先驱者的向警予，就是这样以她深刻、正确的革命见解，出色地领导了女工运动，并且在斗争中培养了大批妇女运动的干部，引导她们走上了革命的道路。

十五、五卅运动的领导者

1925年5月15日，日本纱厂枪杀工人和共产党员顾正红，全市人民义愤填膺。在向警予的支持下，国民党上海执行部妇女部发表了《为日人惨杀同胞宣言》，严正抗议日本帝国主义屠杀顾正红和侵略中国的罪恶。

顾正红惨案发生后，日本纱厂工人罢工，中共中央决定广泛发动社会各阶层群众参加反帝斗争，为此，上海数十团体发起组织"日人残杀同胞雪耻会"。向警予领导的上海女界国民会议促成会是雪耻会的主要团体。雪耻会广泛进行宣传教育和募捐工作，为大规模的反帝示威运动做准备。

一天，向警予正在撰写战斗檄文，这时杨之华带着一个秀丽的姑娘走了进来，向警予忙放下手中的笔，站起身来热情地招呼："之华你们来了，快请坐，这位是……"

杨之华微笑着说："我来介绍一下，这是来自台湾的谢雪红，前年来上海求学的。雪红，这就是你仰慕已久的向大姐啊！"

谢雪红带着一丝拘束，惶惑不安地说："您就是向大姐啊？不像，真的不像！"

向警予被眼前这位远方来的妹妹逗笑了："那你说说，我应该是什么样的？是和你杨大姐一样吗？"

向警予和杨之华最大的不同就是，她俩的衣着打扮风格迥异，向警予一向是简洁朴素，白衣黑裙，给人以女学生的印象；而杨之华却擅长搭配，穿着时髦，给人一种雍容华贵的印象。

谢雪红早在两年前就听说了这位女界精英，早就想结识，只是没有机会，今天一见面，却没有想到心目中的向警予竟然是如此简朴亲切。

从聊天中向警予得知两年前谢雪红来到了上海，在上海，她目睹了帝国主义者欺负中国人的种种事实，亲眼看见外国人坐黄包车竟把车夫的发辫当缰绳一样拉着，驱使车夫一会儿往东一会儿往西地奔跑；公园门口挂着"华人与狗不得入内"的牌子，更是激发了她的民族义愤。她和同学们经常唱着"吾人立志出乡关，革命不成死不还"的歌曲参加各种社会活动。

听了谢雪红的介绍，向警予激动地站了起来，紧紧地握住了谢雪红的手说："小谢同志，欢迎你，上海还没有来自台湾的女同胞，现在革命斗争形势正在紧要关头，台湾同胞在日本帝国主义的铁蹄下生活，他们杀我同胞，占我国土，这次我们一起行动起来向他们讨个公道！"

1925年5月24日，中共中央在闸北潭子湾举行顾正红烈士追悼大会，参加大会的群众超过1万人。不少女工扶棺大哭，控诉帝国主义的罪行。国民党上海执行部妇女部、杨树浦女工联合会、上海大学同学会、景贤女中等送来挽联、挽幛。事先，向警予以执行部妇女部名义号召全市妇女踊跃参加，当天她亲自率领许多青年大学生出席大会。

5月30日这天，上海两千多名学生在租界进行宣传活动，声援工人斗争，要求收回租界；随后，集合群众万余人，在南京路英租界捕房前示威游行，大家呼口号，散传单，慷慨激昂。惊慌失措的英国巡捕向手无寸铁的群众开枪射击，当场打死13人，重伤数十人，逮捕150余人，这就是震惊中外的五卅惨案。

南京路上的屠杀，使上海人民的反帝怒火越来越旺。党中央在当天深夜开会，决定由向警予组织上海妇女界和青年学生将斗争扩大到各个阶层的人民中去，结成反帝的联合战线，号召上海市人民起来实行罢工、罢课、罢市的"三罢"斗争。

5月31日这天，向警予带领着妇女示威队伍，她们分头演讲，在街道里四处发放传单，并把传单贴在许多商铺的玻璃上面，起到了很好的宣传作用。

在中国共产党有组织的领导下，上海大学的学生在这次运动中起到了很重要的作用。每次上海全市学生集合游行，上海大学的校旗，由两个人举着，走在学生队伍的最前面。然后是复旦、交大等学校。各校学生组织讲演队，散发宣传品。大学生和中学生每小组六七个人，主讲的有一到三人，万一第一个被捕，由第二个学生继续演讲；第二个被捕，第三个再讲。小学生则活跃在街道里。他们机智灵活地散发宣传品，有的塞进邮筒，有的放在商店的柜台上。

启英女校中学生部学生冒雨到商店宣传募捐，商店的职工被深深地打动，主动捐钱支持他们，当募捐队到新闸桥下时，十余名黄包车夫捐出了自己的血汗钱400枚铜钿。爱国女学生代表项富春等和上海大学钟复光等人到沪宁路沿线宣传募捐，她们不顾旅途劳累，走到哪里就宣传到哪里，钟复光由于日夜奔波疲劳过度而吐血，但是仍然坚持到胜利归来。

6月1日，上海已基本实现"三罢"（指罢工、罢课、罢市），唯有1路有轨电车在英帝国主义雇佣的俄国驾驶员驾驶下还在行驶，企图破坏同盟罢工。商务印书馆装订车间女工陆定华挺身而出，带领七八个女工前去阻截，她们机智勇敢地卧轨挡车，保证了全市"三罢"的全面实现。据统计，当天参加罢工的纱厂、烟厂有53家，共14万余人，其中女工有10万余人。

至此，上海全面实现了"三罢"，于是以上海为中心，得到全国各地响应的伟大的五卅反帝爱国运动暴风雨般地展开了。

在这种十分紧迫、严峻的形势下，向警予展示了惊人的组织才干和活动能力。尤其是在繁忙的工作中，还写了不少指导斗争的论著，如《国民会议与妇女》《女国民大会的三大意义》《寒假中女学生应努力的一件大事》《妇女运动与国民运动》等。她深刻地阐述了妇女运动与国民革命运动的关系，号召妇女投身于国民革命运动，揭露了段祺瑞政府的卑劣行为，提高了广大妇女的觉悟。

与此同时，宋庆龄抱病对上海《民国日报》记者发表谈话，她号召说：凡中国国民当负此救国重任。并指出：此次奋斗，不可专赖一界或一阶级，如商界政界之类，而当合工商学各界之全力应付之。宋庆龄为唤起全国人民的民族精神，特委托杨杏佛在上海办《民族日报》。她还组织国民党左派向国内外募捐，援助失业工人，并发起组织了五卅运动失业工人救济会，亲自到大同大学发表了题为《近代之外交史》的长篇演说。

这一切深深鼓励了向警予，她在百忙中还抽出时间，与几个进步才女一同创作了短剧《顾正红之死》，以上海各界妇女救国联合会名义在九亩地新舞台演出，演出所得，全数资助失业工人。

向警予英勇无畏地领导了各阶级妇女积极投入五卅运动，在工人运动和妇女运动史上谱写了光辉的一页。正如蔡和森所说的，她是"五卅运动中有力的煽动者、组织者之一"。

在这次运动中，向警予带领着妇女积极分子到街上进行募捐和演讲，即便在反动军警的暴力面前，她也从未有过半点儿惧色，群众都称她为"爱国女神"。

十六、爱国女神的思念

1925年10月，向警予和蔡和森、李立三等同志受党中央的派遣，前往莫斯科。那里有先进的共产主义思想，那里的无产阶级和劳动人民在列宁的领导下，取得了十月社会主义革命的胜利。想到这些，向警予的内心十分激动。

向警予一行人乘船从上海出发，到海参崴后转乘火车，他们到莫斯科时，已快到年底了。

莫斯科东方劳动者共产主义大学是苏联政府专门为国内少数民族和亚洲各国培养革命干部的一所新式学校，为中国培养出了不少工人运动的骨干。向警予等人被安排在这里学习。向警予十分珍惜在这里深造的机会，一有空就钻进图书馆阅读共产主义书籍。同学们也时常坐在一起讨论问题，一股热烈的学习风气在这所学校里蔓延起来。大家根据自己所学到的一些共产主义理论知识，结合国内当前的形势，纷纷发表议论。

向警予在国内的名气已经不小了，在这里的中国学员几乎没有不知道她的。但是她从来没有骄傲过，反而更加平易近人，大家都很喜欢她，愿意跟她一起讨论革命形势。

"向大姐，你参加过那么多次斗争，给我们讲讲经验吧。"

"对，给我们说说你学习的体会吧。"

向警予站起来，目光炯炯地望着大家，用一贯沉着平稳的语气说："马克思主义理论告诉我们人的思想和意识不是无中生有的，它是物质环境的反映，我们必须自觉地运用辩证唯物主义和历史唯物主义的观点来分析我们的阶级斗争形势，这样才能更深刻、更理性。国内的工人运动已经渐渐达到高潮，正需要用这样强大的思想武器武装工人们的头脑。今天，我们在这里所学到的知识，日后都要普及到工人中去，提高工人们的思想觉悟，让大家懂得消灭剥削、消灭资本主义制度才是我们斗争的最终目的，只有这样，我们广大工人阶级的组织性和战斗性才会显现出来，才能取得最终的胜利！"

大家对向警予这一深刻的思想认识大为称赞，而向警予也在战斗中逐渐成熟起来。她有丰富的理论知识，又亲身经历过妇女运动，在复杂多变的情形下，她能够保持清醒的头脑，站稳立场，特别是对留学生内部不同的意见给予分析，明辨是非，发挥了一个共产党员应有的作用。

在遥远的异国他乡，"爱国女神"向警予常常思念在祖国的亲人们，特别是她的两个孩子。

1925年岁末的莫斯科，朔风和冰雪将这座美丽的城市装点得格外庄重典雅。这一天，蔡和森和向警予夫妇，终于有了片刻的闲暇。两个人并肩走在莫斯科河畔的一条街道上。眼前飘落着晶莹的飞雪，脚下的积雪吱吱作响。有多久了，夫妇两个不曾这样悠闲地漫步？

看着低头行走、默不作声的妻子，蔡和森停下了脚步："警予，想什么想得这么出神？"

向警予没有说话，抬头望望远方，那是祖国的方向，她轻轻地叹了口气。

不用说，身为丈夫的蔡和森心里知道妻子在想什么，他轻轻拍打着妻子的肩膀，像安慰孩子般说道："是在想我们的孩子吧，别担心，有哥哥、姐姐们在照顾，他们会健健康康、快快乐乐地成长起来的。"

向警予抬头望着丈夫，眼睛里蓄满了委屈的泪水，抿了抿嘴巴，什么也没有说出口，一低头，两行泪水顺着面颊缓缓地流了下来。

作为一个共产主义战士，她有着将一切困难和险阻统统踩在脚下的革命勇气。可是作为一个女人，一个母亲，她实在无法遏制自己对远方一双可爱儿女的殷切思念，她觉得自己是不称职的。蔡妮在几个月大的时候就托给五哥抚养，直到如今，几乎没有在母亲身边待过。去年5月，她在长沙湘雅医院生下来儿子蔡博。由于她长期营养不良，蔡博的身体十分瘦弱。可是作为母亲的她依旧把蔡博托付给姐姐蔡庆熙哺养，自己又和丈夫蔡和森一同返回了上海，投入到了新的革命工作。

记得在国内时，工作不忙的时候，向警予和蔡和森都会跑到亲人家中去探望自己的孩子，尽管时间不多，但是每次去的时候向警予都要努力为孩子多做些事，洗衣服、做饭，孩子晚上睡觉的时候只要一听到母亲的歌唱，就会乖乖地闭上眼睛。每当这个时候，向警予都会流泪。

想到这些，向警予的嘴角扬起了微笑。她心里每时每刻都惦记着孩子们，思念的情感一天比一天强烈。

蔡和森轻轻擦干了妻子的眼泪，安慰道："我也十分思念孩子们，如何能让他们生活得更幸福，只有靠我们了，结束腐朽的封建制度，建立共产主义制度，让我们的孩子生活在一片洁净的蓝天下。警予，你我肩上的责任重大啊，不仅是为了我们的孩子，更是为了全世界的孩子们，振作起来，为了我们的理想，为了共产主义事业，勇敢地走下去！"

向警予用坚定的目光望着丈夫，用力地点点头。

向警予在写给亲人的家信中，给孩子们写了一首儿歌：

> 小宝宝，
> 小宝宝，
> 妈妈忘不了……
> 希望你们像小鸟一样，
> 在自由的天空中飞翔，
> 将来在没有剥削的社会中成长……

她只能通过书信，传递着她对孩子的深深思念以及对未来的美好憧憬，因为她知道，自己有着比做一个母亲更重要的事业。

"警予，别担心孩子们了，姐姐会照顾好他们的。"蔡和森轻声地安慰她。

　　向警予若有所思地点了点头。她深深地知道，这次来莫斯科学习的机会是多么难得啊。丈夫这次来苏联，是受党中央的派遣，以中国共产党代表团团长的身份来参加共产国际第五届执行委员会第六次扩大会议的，她自己也得以同丈夫一起前来并进入莫斯科东方大学学习。她决定充分利用这一年多的时间，多读书，多学习马克思主义思想和革命理论，以便将来更好地领导国内的妇女运动。

　　向警予想到这，对蔡和森说："我相信将来孩子们会理解我们所做的一切……"说着，她把目光投向了远方的祖国……

　　1926年3月，共产国际执行委员会举行第六次全体会议扩大会议，当苏联工农妇女代表隆重地向中国妇女代表赠予红旗的时候，向警予昂首阔步地走到台上，郑重地接过了这一面火红的旗子，它是全世界妇女解放的象征，是全世界无产阶级团结奋斗、反抗资产阶级剥削的标志。接过红旗的那一刻，向警予向全世界庄严宣布："同志们！这面红旗是中国和自由苏联的劳动妇女团结一致的象征，它鼓舞中国妇女进行斗争，全世界劳动妇女互相声援万岁！"

　　这就是真实、坦荡的向警予，她既是一个坚强的革命者，也是一位慈祥温柔的母亲，她为了祖国的革命事业，把革命放到了更高的位置。

　　1927年3月，从苏联回国之后，向警予被党中央派遣到大革命中心武汉。路过长沙时，她决定顺道去看看阔别三年之久的婆婆葛健豪和孩子们。

　　可是，一到长沙，高度的革命责任感又立刻战胜了儿女亲情的牵挂。下车后，向警予不顾路途的劳累，马上约了几个志同道合的女同学相聚。

　　相聚的时候，向警予为大家介绍了在十月革命故乡的所见所闻，同时向她们大力宣传党的方针政策，指出妇女解放的正确道路。她那富有感染力的话极大地鼓舞了朋友们的革命斗志。

　　等到向警予和家人团聚的时候，已经是夜深人静了，此时向警予怀着复杂的心情推开家门。

　　"三年没见面了，你又瘦了许多！"婆婆葛健豪望着风尘仆仆的向警予，眼里蓄满了炽热的泪水。

　　葛健豪是个知书达理的好婆婆，她明明知道自己的儿子与儿媳已经分手，但仍然一句没有提起这个话头，更加没有为难向警予。

　　这时候，向警予一句话也说不出来了！她看见葛妈妈，泪光闪闪。

　　"孩子，别难过了，妈什么都能理解，过去的事不提了，这次回来，多住几天吧，孩子们都想你呢！"葛妈妈轻轻拉过向警予的手。

　　是啊，三年了，博博已经知道用小胖手指点着妈妈的照片诉说心中的思念了……有多少话要倾吐，有多少泪要敞开流。然而，向警予此刻却默默无言，她无法原谅自己不是一个称职的儿女和母亲……

　　这时蔡博和姐姐们一起蹦蹦跳跳，兴高采烈地来抢妈妈了，向警予看到他们个个活泼健康，疲惫的身心也得到了放松。向警予依然穿着原来的粗布衣，婆婆葛健豪要为她赶制新衣，被她婉言拒绝了。外甥女刘昂给向警予打来洗脚水，发现她仍穿着土布袜，连忙拿一双洋袜给她穿。她笑着说："昂昂啊，你看这双袜子很好，还可以穿很久呢。"边说边把原来的土布袜穿上了。

　　两天后，向警予就匆匆走了。蔡博那时还太小，不懂什么叫生离死别，他和姐姐们天真地跟着大人们，直到看着妈妈跟几个同志挤上了一列载满士兵的专列。

　　在列车开动的那一刹那，看着婆婆和孩子依依不舍的样子，向警予在心中发出了无声呼唤——

　　亲人们啊，这次踏上远行的征程，又不知何时才能相见，等到将来革命大业成功了，我一定将这些亏欠的亲情一一做个补偿……

　　然而，谁也想不到，向警予与家人的这次短暂会面，竟成了永别，非常幸运的是，这次见面留下了一张珍贵的照片，是"全家福"。在这张照片上，蔡博很不自然地站在妈妈怀前。由于母子相聚的时间太短了，他还没有和妈妈亲热起来，照相的时候老想挨着大姑妈，但也正因为相聚的机会太少，所以蔡博深深地记下了这幸福的一瞬间。

十七、无所畏惧的担当

　　向警予始终怀揣着一颗报效祖国、一心为民的心，她积极地投身于党领导的革命洪流中。

　　向警予先来到了大革命的策源地广州，与邓颖超等一批革命青年走到了一起。国内妇女的斗争意识逐渐增强，特别是一些刚刚走上革命道路的女青年，听说向警予见识广博，又有斗争经验，都争先恐后地跑来和她一起讨论革命形势，听她畅谈革命思想。

　　为了让更多的妇女投入到革命中来，她们还组织了那些思想开放的女工人、女学生、女教师等一同来到邓颖超家中，向她们讲解一些妇女运动的理论知识；就这样，越来越多的人参加了她们的队伍。

　　在革命的低潮时期，国民党反动派利用工贼"改组委员"，组织"工会改组委员会"，对工人群众进行猖狂的反攻。为了挫败敌人的倒行逆施，向警予发动和教育广大职工，揭穿改组工会的真实面目，将众多工人团结在赤色工会的周围。她曾领导和组织声援武汉人力车工人的同盟罢工以及反对武汉震寰纱厂开除剪发女工的斗争，重建党在群众中的信仰。随着斗争的深入，不少党员同志因身份暴露而被捕，有的党组织被破坏。向警予一面要求大家讲究策略，坚持斗争，一面设法大力营救被捕的同志，及时组织暴露身份的同志安全转移，为革命保存了一批骨干力量。

　　为了使党和工人群众的联系得到恢复和加强，向警予机智巧妙地组织群众和敌人进行斗争，并在斗争中不断壮大和发展革命力量。她教同志们和工人积极分子怎样散发传单，怎么甩掉跟踪，怎样保护整个党的组织。

　　在血雨腥风的恶劣环境里，向警予的活动不仅促使革命同志在艰难困苦中锻炼自己，学会地下斗争的本领，而且使人民看到党还在，组织还在，增添坚持斗争的信心和力量。

这一时期，我们党正需要加强中央的领导，向警予作为一个有丰富经验的革命者，大家都希望她能留在中央或者省委工作，这样工作既不繁忙，也相对安全。

可是大家的好意却被向警予拒绝了。她对同志们说，她要到基层去，因为那里才是广大劳动人民最集中、斗争形势最复杂的地方，越是危险的地方就越要去。最后经过组织上研究决定，向警予分配到武汉市总工会宣传部工作，主抓工人运动，兼管学生运动。

向警予终于如愿以偿了，她立刻投入了繁忙、艰巨的宣传工作。

向警予住在友益街，而工人们集中的地方是在硚口区，两地交通不便，往返只能步行。她不辞劳苦地奔波在两地之间，白天扎到群众中间做思想工作，晚上到工人夜校去上课，教唱革命歌曲，教工人们学习文化；夜深了，才急匆匆地赶回家，赶写一些学习、宣传的资料。

当时总工会机关没有食堂，她自己也没有条件和精力做饭，便常常忙得顾不上吃饭，实在饿急了，就上街买几个烧饼来充饥。同志们见她这么艰苦，都很为她的身体担心，但她却十分乐观地说："我离开国内一年多，好久没有好好工作了，只要能工作，条件再艰苦，我也高兴！"

同年4月，蒋介石在上海发动四一二反革命政变。在大革命生死存亡的紧急关头，4月27日至5月9日，中国共产党在武汉举行了第五次全国代表大会，向警予作为大会代表参加了会议。她同意许多同志的正确意见，反对陈独秀的右倾机会主义。

此时正是汪精卫叛变革命的前夕，武汉及周边形势十分紧张，反共事件不断发生。向警予镇定自若，更加忘我地工作。她吸取在上海工人夜校的经验，筹办一批工人夜校，开办汉口党员训练班，聘请瞿秋白、恽代英、任弼时、何孟雄等人给党训班学员讲授"农民运动""工人运动""中国革命的形势和任务"等课程，对提高党员思想认识起到了重要作用；她尤其关心妇女的生活和工作情况，及时培养和发展了一批革命的女青年加入中国共产党。

不忘初心　缅怀先烈

1927年7月15日，以汪精卫为首的武汉国民政府公开叛变革命，并对共产党人和革命人民进行了残酷、疯狂的屠杀，大批共产党人被押上了刑场。从此，武汉地区党组织不得不从公开转入地下斗争。向警予亲自把一批批同志送到外地去。自己坚持留在武汉继续工作。在那种特殊的环境下，向警予每天只有乔装打扮之后，才能出去开展工作。斗争环境和条件越来越艰难了，但她的心中依然有一团热烈而执着的火在跳动。

这天午后，向警予回到省委机关，还没顾得上喝口水，便有同志通知她：原国民革命军第二方面军警卫团团长卢德铭等人在等着她。

她知道，一定发生了什么大事，便连忙找到了这三位同志。

共产党员卢德铭是原武汉政府警卫团团长，正带着一支队伍。他见到向警予，忙擦着头上的汗水，着急地说：

"我们和党中央失去了联系，现在这支队伍何去何从呢？"

向警予连忙请他们坐下来，一边给他们倒上茶水，一边亲切地说：

"来，德铭同志，先喝点儿水，别着急，慢慢把事情说清楚，咱们一起想想办法。"

看到向警予沉着冷静的样子，卢德铭心中一下子变得踏实起来。

卢德铭将事情的原委向向警予做了细致的汇报。原来，在大革命失败后，他率领的警卫团因故未能赴南昌参加八一起义，便在江西修水休整待命。最近，湖南省委负责人夏曦突然通知部队，要卢德铭等三位部队负责人马上去广东，把部队交给别人来指挥。卢德铭对此举感到十分困惑，便和另外两个负责人一起来到武汉找党中央。不想党中央已经前往上海，卢德铭等人得知在党内很有影响力的向警予仍留在此地，就坚持要找到她讨个主意。

向警予认真地听完了卢德铭的一番汇报，陷入了沉思。她并不清楚湖南省委到底为什么会下达这样的命令，但她知道，南昌起义之后，毛泽东正领导湖南省委酝酿、筹备秋收起义，他们是多么迫切地需要有一支忠于革命的队伍，以做广大农民起义的中坚力量啊！在此紧要关头把部队交出去，势必会削弱革命力量。

想到这里，向警予先是沉稳地向卢德铭等三人传达了八七会议的精神以及准备搞秋收暴动的计划，而后她十分严肃地说：

"放弃部队的主张是错误的。我们只有掌握了自己的革命武装，才能最终夺取革命的胜利！"

这句话斩钉截铁般地一说出来，立刻使焦虑不安的卢德铭等同志眼亮心明了，仿佛在迷茫之中突然看到了光明。

卢德铭兴奋地站了起来：

"对！我也是这个想法。那现在我们该怎么做呢？"

向警予坚决地答道："你们这支部队太宝贵了。你要赶紧回到部队，带着战士们到湖南去。马上抓紧时间和湖南、江西省委联系，找到毛泽东之后，立刻带领警卫团部队与准备秋收起义的队伍会合。"

"好！"三个人齐声应答。

但立刻，卢德铭又面露难色，一副欲言又止的样子。向警予十分细心，她立即想到了湖南省委书记的那个通知一定会给他们的行动带来很大的困难。沉吟片刻之后，向警予对三个人说：

"这样吧，我代表省委先资助你们一下，拿出3000块银元给你们做活动经费，再派6名工人骨干协助你们的工作，希望你们能尽快地与毛泽东同志领导的队伍会合，共同打好秋收起义这一仗！"

卢德铭三人听罢，十分激动地给向警予敬了个礼。

在向警予的指导和帮助下，卢德铭回到了修水之后，很快和毛泽东取得了联系。后来，由卢德铭带领的警卫团和平江工农义勇队组成的第一团成为秋收起义的主力部队，卢德铭担任了秋收起义的总指挥，在中国共产党的历史上谱写了光辉的篇章。

后来向警予的工作越来越繁忙，常常要往返于武昌、汉口之间，每一次她都要乘船渡过滔滔的江水，江面宽阔，暗流汹涌，潜伏着不可预料的危险。

有一次，向警予刚刚在武昌结束了一个会议，要马上赶往汉口参加另一个会议，但是由于上一个会议大家的讨论太激烈了，耽误了一些时间，赶往汉口的时候夜幕已经降临了。

江面上波涛翻滚，冷风呜呜地刮着，吹到脸上像刀子划过一样。

"向大姐，江上风浪大，这样走太危险了，还是停一停，明天再出发吧。"

"是啊，今天不早了，渡船恐怕都已经停了。"

"对啊，这么大的风浪，就是有船，可哪个船夫敢冒这个险啊！"

同志们纷纷劝道。可是向警予坚决地摇摇头，说："这怎么行？同志们还在汉口等着我呢，汉口的会议很重要，不能推。"

大家看劝服不了执着的向警予，只好护送她来到江边。果然不出所料，渡船已经停开了，江边一个人也没有，向警予焦急地望着远方，这可怎么办？

一个同志走上前去，对向警予说："向大姐，你别急，我们联络一下木船工会，看能不能想想办法。"

很快，木船工会临时找到了一个小划子和一位经验丰富的老船工。他们刚要出发，突然，一阵狂风扫了过来，江面上顿时起了风浪。老船工犹豫地望着水天茫茫的江面，对向警予说："同志，现在过江，实在太危险了，你们一定要现在走吗？"

送行的同志也纷纷劝阻。

向警予坚定地点点头，说："汉口的同志们等着我开会呢，现在武汉的形势这样严峻，不能再耽误时间了，再说这点儿风浪怕什么……走，我们上船。"

一边说着，向警予利索地跨上了小划子，她向岸边的同志们挥了挥手，帮老船工解开了拴在木桩上的绳子，小划子摇晃着向江心驶去。

果然如老船工所说，小划子没划出多远，江面上便开始狂风四起，巨大的浪头一个接一个地涌了过来，小划子开始上下左右地晃动。向警予和另一个同事紧紧地抓着小划子的边缘，一个巨浪打了过来，把向警予从头到脚淋了个遍。

老船工试图让小划子行驶得平稳些，可是小划子就是不听指挥，老船工抬头向远方望望，心里不禁咯噔一下："不好，前面有漩涡！你们两个赶快拿桨跟我一起划，要快，否则，一旦被漩涡吸进去就麻烦了。"

向警予和另一个同志立刻抓起船桨，拼命地向前划。漆黑的江面上仿佛有无数只恶魔在咆哮，大家顾不得扑面而来的江水，挥舞着手中的船桨，不停地向前划着。

终于，船远离了可怕的大漩涡。上岸后，老船工望着浑身湿淋淋的向警予，赞叹道："我在长江划了几十年的船，还是第一次遇到这么大的风浪，也是第一次碰到像你这样胆大的妇人家！"

向警予用手抹了一把脸上的水珠儿，谦虚地说："这点儿危险算什么，革命的道路上什么大风大浪没有，如果仅仅是因为危险害怕就退缩，怎么能完成党交给我们的任务呢？"

自从参加革命之后，向警予就深知干革命就会有生死危险，并准备在必要时为革命奉献出自己的一切。

十八、谦虚忘我的主编

1927年，国民党反动派对共产党人进行了疯狂的屠杀，两个疯狂的刽子手胡宗铎和陶钧进驻了武汉，他们大搞白色恐怖，妄图扑灭革命的火焰。党组织先后遭到了多次破坏，数以千计的共产党人在大屠杀中牺牲。反动派还收买了流氓、打手整天在武汉的街头小巷打探，武汉上空弥漫着一股紧张恐怖的气氛。

为了破坏共产党人在人民群众心中树立起来的威信，反动派还在他们出版的一些刊物上刊登反动文章，妄图欺骗革命群众，扑灭革命的火种。

为了戳穿敌人的丑恶嘴脸，唤醒广大人民群众，鼓舞党内的同志们积极战斗，湖北省委创办了党内刊物《长江》，主要用来指导武汉地下党的工作和工人运动。虽然出版条件很简陋，但是广大党员和工人代表积极在刊物上发表自己的看法，分析当前的形势，《长江》逐渐成为党在湖北发表革命宣言的舆论阵地，是党在武汉三镇的重要喉舌。

1927年的秋天，湖北省委宣传部部长林育南通知《长江》主编黄松龄，让他去出席武汉市某区委召集的一个会议，并借此机会搜集一下大家对《长江》的意见和建议，以便能够把《长江》办得更好。会上大家积极发表自己的看法，对于《长江》能够与敌人展开针锋相对的斗争，表示了肯定，并且认为，《长江》是同志们最重要的精神食粮，对大家的工作起到了积极的指导作用。

黄松龄认真地聆听着同志们的发言，飞快地做着笔记，他希望大家能够提出更好的建议来。

这时，一个不同的声音响了起来："我认为《长江》还存在一些不足，我来谈谈我的看法吧！"黄松龄抬起头来，眼前是一个果敢利索的女子，她梳着齐耳短发，目光炯炯有神，粗布外套合体而整洁。会场里喧闹的场面顿时安静了下来。黄松龄不认识这位女同志，只是觉得她的做派很干练，便生出好感来。他热切地注视着她，等待着她的下文。

只见向警予从容地站起来，对大家说："我每天都读《长江》，上面反映的政治问题、国民党派系斗争问题等都很及时也很全面，可是我却看不见反映工农群众斗争与生活情况的内容。人民群众才是我们革命的生力军，我们必须广泛地联系他们，走到群众中去，听听群众的声音，这样才能完善我们的工作。可是像现在这样，闭门造车，脱离群众，怎么能够更好地指导群众的革命斗争呢？"

听了这位女同志对《长江》的批评，黄松龄的目光定格在了她的身上。她说的话句句有理，自己平时工作都没有注意到这些，看来这是一位思想政治水平相当高的同志，说的话也很有见地。

于是他也站起来，十分诚恳地说："这位同志批评得很对，我真诚地接受她的意见。虽然现在斗争形势非常激烈，敌人对我们进行了严密的封锁，致使我们搜集材料有一定的困难，但是主要还是我们的工作没有做好，在危险、恶劣的环境中我们也应该勇往直前。这位同志的话给我们提了一个醒，今后我们一定改正工作中的不足，积极主动地深入到群众中组织工作。感谢你为我们提供了这么宝贵的意见。"在场的同志们都赞同地点头，有人还鼓起掌来。

会议之后，黄松龄果真按照会议讨论的意见调整了工作方向，大大增加了反映工农运动的内容，调整后的《长江》受到了更多革命群众的关注，特别是在工人中的影响比以前更大了。

一个月之后，突然有一天，黄松龄接到上级通知，自己将被调离，组织上派向警予来接替他的工作。对于向警予，黄松龄早已有所耳闻，她是中国工人运动的领导人之一，特别是她为妇女解放运动作出了积极的贡献，组织上派她来担任《长江》的主编是再合适不过了。

初见向警予的那一刻，黄松龄感到有些眼熟，眼前这个面容和善的女同志好像在哪见过。仔细想了想，他恍然大悟，这位不就是那天在会议上给《长江》提出许多中肯意见的女同志吗？原来，她就是向警予。

接下来的一个月里，新老两个主编经常在一起讨论稿件，写稿、改稿、校对。然后送到省委另一机关去刻写，最后送去油印发行。工作之余，向警予经常和黄松龄谈一些政治时局和群众问题，彼此相处得很融洽。在相互间默契的工作配合中，黄松龄逐渐对这个杰出的女性有了更深刻的认识。她是一位如此出色的女子，心智、才情、品性都超乎众人，却又十分谨慎、谦虚，她心中仿佛根本没有自己，只惦记着人民大众的痛苦和快乐。她为人友善谦虚，虽然自己比其他同志懂得多，但还是刻苦钻研，勤奋学习。

一个月过去了，黄松龄要正式离开《长江》了。临走前，他由衷地对向警予说："向警予同志，以后这份刊物就要由你来负责了。这段日子里，有了你的加入，我们的《长江》的确办得有声有色，取得了很好的效果。希望以后的日子里，它能越办越好，为我们的革命工作发挥更大的作用。"

向警予谦虚地回答："以前我曾经尖锐地批评你，现在看来我也不能一下子就办好，以后还希望您经常关注《长江》，多协助我的工作。"

向警予接下来的工作变得更加繁忙了，除了编辑《长江》，她还要代表省委接待各省来的地下工作者。作为联络人，她要及时将同志们带回来的消息报告党中央，同时还要将党中央的指示传达给各位同志。

她还深入到群众中去，关心工人们的生活和工作。无论走到哪里，向警予都像一团火一样将每一个革命者的精神点燃。她经常和大家说："生命是宝贵的，我们要将这仅有的一次生命奉献给党，奉献给革命事业。人总有一死，为革命、为人民而死是光荣的！"

在长期的革命实践中，向警予的思想认识有了更进一步的提高，她清楚地知道群众最需要什么。她拿起了笔，运用《长江》这块阵地，喊出了革命的最强音。

每当夜幕降临，当法租界领事馆灯红酒绿，巡捕们布满街巷的时候，向警予房间里总是点着昏暗的灯光，她伏案工作，为《长江》准备稿件。她写的社论、时评短小精悍；她的文笔泼辣，像一把利剑深深刺入敌人的胸膛。

《长江》的读者里，有贫苦的工人、农民，也有知识分子，但更多的是没有接受过太多教育的基层群众。为了让他们也能读得懂，向警予还经常采用群众喜闻乐观的歌谣形式，分析时局，揭露敌人的丑恶嘴脸，教育群众，激发大家的斗志。

向警予在自己写稿的时候，还注意发现、培养有才华的青年作者为《长江》撰稿，林一风便是其中的一个。

林一风是武汉一所学校的学生，他多次参加在武汉的反帝反封建的游行示威。他从小喜欢读书，写得一手好文章，常常向《长江》投稿，《长江》也曾刊登过几篇他的文章。后来在向警予的关怀和培养下，他成了《长江》的重要撰稿人之一，一篇篇战斗的檄文刺向敌人的心脏。

《长江》在武汉地区的影响力越来越大了，大家都在一片白色恐怖下偷偷阅读着。敌人更加疯狂了，他们不断地对党的地下机关进行破坏，许多同志被捕，革命工作的开展越来越困难了。

一天晚上，向警予正在撰写稿件，几名同志敲开了她的房间，急切地说："省委机关快被敌人破坏完了，向大姐，你现在是敌人重点关注的人物，处境十分危险。万一被捕的同志中有人意志不坚定，说出了你的行踪，麻烦就大了。不如你先离开武汉，暂时躲避一下，我们一起向党中央提出申请，另外派别的同志来这里工作。"

向警予沉思了片刻，摇了摇头说："就因为现在我的处境艰难，所以我更不能离开。我现在负责联系各方工作的同志们，我要是一走，线就断了，这样会对其他同志的工作造成严重影响。特别是工厂没有人联系，工人运动开展起来也不顺利；更重要的是《长江》也得停办，在这里工作的同志就会变聋、变瞎，什么情况都了解不到，所以我不能走。"

"可是，这里实在太危险了，敌人很可能马上就会发现这里，到时候一切都来不及了。"同志们深知向警予目前的危险，担心地说。

"革命者要有坚定的意志，怕危险就不参加革命了，大风大浪面前我们更要挺住，要沉着、冷静地面对困难。武汉地区是我党经营多年的重要阵地，不能轻易放弃；《长江》一旦停刊，就说明我们党在武汉工作的失败，在这个关键时刻，我绝不能离开！"向警予坚定地说。

同志们听了向警予的话，不禁向她投去了钦佩的目光，大家一致表示，要和向大姐一起与国民党反动派斗争到底。

向警予总能在关键时刻肩负起重大责任，越是危险，越是困难，她就越不知疲倦、忘我工作。她心中时刻充满着革命的乐观主义精神，在血雨腥风中坚持斗争。

十九、险象环生的春节

1928年1月，敌人疯狂地对湖北省委机关进行破坏，地下印刷厂也没能幸免。然而更不幸的是，敌人在这里搜查到了同志们准备在年关进行暴动的计划，致使计划流产。敌人抓紧了对共产党人的搜捕和屠杀，许多党组织的负责人和工农领袖被捕。几天之中，就有3000多名党员和革命群众牺牲。革命力量再一次受到严重摧残，向警予和同志们的处境更加危险了。

向警予是著名的党的领导人和妇女运动领袖，要在武汉地区隐蔽地开展秘密工作，难度很大，风险极高。为了躲避敌人的搜捕和密探的眼睛，她常常改名，常常化装，还要常常搬家。而叛徒、特务的活动却日益猖狂，街头巷尾到处贴有政府的"通缉令"，车站码头经常有鬼头鬼脑的便衣特务出没。

这年的春节就要来到了，而向警予与她的助手陈恒乔居住的房间里面，却没有一点儿喜庆热闹的气氛。她们俩正紧张地为《长江》准备稿件。

陈恒乔是一个十几岁的女孩，家中很贫穷，为了维持生计，父母让她出来闯一闯，或许能找到一条活路。她上过几年学，接受了进步思想的影响。在家乡的时候，她就听说广东有许多外省青年投身革命浪潮，她也想去那里，一边参加革命工作，一边继续求学。

怀着对新社会、新生活的向往，她来到了广州，为的是寻找一种救国的真理。听姐妹们说向先生这几天正在邓颖超的家里给妇女讲课，她便在向警予停留广州期间来到了邓颖超的家。

那一天，陈恒乔找到邓颖超家一间办公用的小房子时，发现这小小房间里挤满了人，屋中央有一位短发、大眼睛的女子在神采飞扬地讲着什么。

陈恒乔找了个凳子，悄悄地坐了下来。

这时只听那个女子继续说道：

"……已踏上了人类总解放的时期。而我们这个有着悠远丰厚文化传统的中国呢？外国帝国主义和北洋军阀狼狈为奸，早把光明灿烂的中国完全变成了兵匪的世界。所以，国民革命运动是一场不可避免的革命运动，妇女运动就是国民革命的一个重要组成部分……"

陈恒乔渐渐听得入了神，周围坐着的女青年们，一个个也都屏息凝神地听着。

接着，短发的女子又联系自己以前参加"放足"和"兴学"等活动的经历，深入透彻地分析了解决中国妇女问题的重要性；最后，她又十分激昂地对大家说：

"真正觉悟的中国妇女，必须是一面参加政治改革运动，一面参加妇女解放运动！"

女子说完，掌声响起，屋里的气氛一下子被这个女子的演说振奋起来。

陈恒乔如痴如醉地呆坐在角落里，脑子里翻来覆去地回响着刚才那精彩的演说。这是多么深刻、精辟的道理啊！自己不就是为了寻求自救与救国的革命道路才来到广州的吗？

正在这时，陈恒乔忽然觉得自己的肩上放了一只温厚的手。一抬头，原来刚才讲话的那个女子不知何时竟站到了自己的身边。

"刚才我注意到了你悄悄地进来听课。认识一下吧，我叫向警予，欢迎你来到我们中间。"

她就是国内赫赫有名的妇女运动领导人向警予吗？这不是在做梦吧？

陈恒乔激动地站了起来："向大姐，你讲得太好了！"

陈恒乔被向警予充沛的革命热情所感召，从此，向警予身边又多了一个积极、勇敢的革命女青年。

一天早晨，陈恒乔外出的时候看见街头巷尾贴着政府的通缉令，"向警予"三个字立刻映入眼帘。她不敢多看，立刻掉转头跑回家去。

向警予正在她们的秘密住所整理稿件。陈恒乔迈进门，又转身探出头去向门外仔细看了看，才放心地关上门，走到向警予面前说："向大姐，街上已经贴满了抓你的通缉令，你还是赶紧撤离吧，再不走就来不及了。"

向警予放下手中的笔，从容地说："我现在还不能走，这里还有许多工作要做，还有许多同志需要我来联络，再坚持一段时间。"

陈恒乔急得直跺脚："向大姐，我一连跑了几天了，总是找不到合适的房子，在法租界租房子，必须要有可靠的保证人，否则那些房东是不会为我们冒这个险的。这个地方已经不安全了，如果我们再找不到合适的地方搬，敌人早晚会找到我们的。"

向警予想了想，转身从衣柜里拿出一身衣服，一边换上一边说："看来情况比我想象的还要糟糕。我再出去试一试，如果不行，我们再想办法撤离。"向警予穿着一身土气的短褂和粗布裤子，头上包着一块深蓝色的破旧的头巾，挎着一个竹篮走出了家门。

其实，她心里又何尝不急呢？去年12月份的时候，郭亮同志从中央来到武汉，准备发动年关大暴动。但由于行事不谨慎，计划被敌人搜出来，整个年关暴动便没有实施。紧接着，很多地下机关和党的基层组织进一步遭到破坏，开展地下活动也越来越艰难了。这几天，一直担任地下交通员的宋若林也不露面了，这一连串的事，使向警予心里总有一种不祥的预感。

在这段紧张的日子里，她们假扮姑嫂的关系住进了现在房子，向警予化名夏易氏，身份是一名失业的小学教员，陈恒乔则化名易陈氏，身份是家庭妇女，她在外经商的丈夫是夏易氏的胞弟。两人相互掩护着进行革命活动。

后来她打听了一些人家，都是没有房子出租。有人说世道不好，兵荒马乱的对她不放心，即使有空房子也不敢轻易地租给一个陌生女人啊。向警予的希望几乎要破灭时，看见一栋老式的房子虚掩着大门，向警予想，再问这最后一家，如果还是不租就准备回去。来开门的是一个一脸凶相的大汉，粗糙的双手把扶着门框，大声地问："你找谁？"

向警予假装胆怯地说："大哥，我是从乡下来的，想找间房子租，你家有空房吗？"

大汉上下打量了一下向警予，气势汹汹地说："你从哪来？租房要做什么？几个人住？"

向警予心里产生了警惕，但仍面不改色地说："这位大哥，我是湖南长沙人，我叫夏易氏，这次出来我就是和我小姑子来找我男人的。他三年前出走了就再也没回过家，听我一个乡亲说在汉口一带见过他，我就寻来了。可现在还没找到，我就想先住下再继续找。"

"你知道现在什么时期吗？共产党活动十分猖狂，我看你不像来寻找你男人的，倒像个女共党分子！"大汉边说边用眼睛瞟了一眼向警予。

"这位大哥，你说的什么党我不清楚，我只是清楚要寻回我的男人。"

"哈哈哈！"大汉突然大笑起来，正当向警予疑惑之际，他又笑了起来："那你现在住在哪？"

向警予镇定地回答："我们暂时借住在不远处的亲戚家里面。"

大汉眯缝着眼，半信半疑地说："我这里没有房子租，你到别处去问问吧。"说着关上了门。

向警予走出胡同口时，回头向后看了看，忽然发现了那个大汉就在不远处看着她。她立刻警觉起来，心里暗自说："不好，那个人是暗探！"向警予穿过马路，叫了一辆黄包车，朝着与她住处相反的方向驶去。坐在黄包车上，她向后看了一眼，也有一辆黄包车跟在不远处。向警予想了想，叫车夫停了下来，付了钱后，对他说："大叔，请你等我一下，我先去布店买点儿东西，如果一刻钟后我不出来，您就不要等我了。"

然后她闪身走进了一家布店，装作挑选布料的样子消耗时间，一刻钟很快过去了，她问店里的伙计："从这个胡同出去能到南街吗？"

"能，你从药店往左拐，穿过一排平房，就是南街了。"伙计热情地为她指路。

拐三拐四，终于到了南街，向警予仔细地瞅瞅身后，发现没有人跟踪，这才放心地回到住所。

一进门，向警予立刻把门闩上好，拉上窗帘，陈恒乔紧张地问：

"向大姐，出什么事了？"

"来不及了，马上把重要文件和资料藏好，动作要快，我刚才遇上暗探了，我怕他们发现这里。"

这句话把陈恒乔吓了一跳，马上收拾起来。她们两个把材料分散，一张一张折叠好，有的塞进墙缝，有的放进抽屉的夹层中，有的粘贴在床底下……屋子里最隐蔽的地方都藏着党的机密文件。

天渐渐黑了，外面还是没有动静，向警予和陈恒乔这才松了一口气。向警予笑了笑说："看起来是我太紧张了，没事了，我们休息吧！"

陈恒乔借机恳切地说："向大姐，你还是赶快离开武汉吧！省委机关都被敌人破坏完了。你现在是敌人最注意的人物，况且被捕的同志们很有可能就有意志不坚定的，再把你给出卖了。你的处境太危险了，不如暂时先离开武汉……"

向警予没等陈恒乔话说完，便坚决回答："不！不行！我要是离开了，各方面都没有了联系，《长江》也就会停刊，这样会让群众失望的。大风大浪的时候，一定要沉着、稳定。许多重要负责的同志都牺牲了，我要是离开了，就没有人来支撑。所以，我是绝不会离开的！"

向警予停顿了一下，又接着说道："恒乔，我知道你担心我的安危，确实，我的处境很困难，但是越在这种危急时刻，我就越不能走。"

向警予的声音并不高，但她的话极其有分量，深深震撼了陈恒乔的心灵。临危不惧、视死如归，这不正是一个共产党员的革命本色吗？

陈恒乔决定和自己无比敬重的向大姐在一起，在鬼魅横行的白色恐怖下，坚守《长江》这块革命阵地。

向警予在武汉度过了一个极其艰苦的春节，这也是她生命中的最后一个春节。

这年的农历大年三十，街上的行人格外稀少，凄冷的夜空中增添了许多闪烁着的烟火。街角处有一个戴着大红帽的小女孩儿，正在看别人放爆竹，她双手捂着耳朵，欢快地笑着、轻盈地跳跃着。

向警予在窗户口望着这个孩子，不自觉地停下手中的笔。她长得多像自己的小妮妮啊！同样的年纪，同样的天真可爱……妮妮和博博现在一定也在院里面放烟花吧……

她深深地自责，我算什么好母亲，没有给儿女带来幸福的生活。我算什么好女儿，没有为父母尽丝毫的孝道。积压已久的自责和思念，终于在大年之夜，让坚强的向警予落泪了。

可是，她很快擦干了眼泪又开始工作了。年三十对于她来说也不过就是一个普通的日子。过大年，敌人可能会稍稍放松一下，这是她们开展工作的最佳时机，向警予打算在家里约见地下运动负责人张金保同志，一起商量下一步的工人运动。

张金保原名张巧云，化名余冬生，安徽芜湖一个船工的女儿。

1921年2月，张金保因生活所迫，离开芜湖到汉口谋生，经亲友介绍进汉口裕华纱厂当学徒，后到武昌第一纱厂当熟练工，因不满于工头打骂并与其说理，遭到工头的报复，被迫到日商泰安纱厂做工。

由于她技术熟练又不缺勤，当上了工头。她当上了工头后，更加热情地替工人们办事，为工人们说话，因而在工人中有很高的威信。1926年春，经进步工人介绍，加入厂秘密工会，同年8月又光荣地加入中国共产党，并按照党的指示，积极参加工人运动。

1926年8月22日，北伐军先头部队叶挺独立团占领岳州，直逼咸宁汀泗桥。张金保根据党支部的决定，发动工人四处宣传，制造革命舆论。北伐军攻克汉口的当天，泰安纱厂工会正式成立，张金保当选为工会干事。工人们见张金保敢说敢为，大家又一致选她为女工纠察队长和裁判委员、厂工会女工部部长。此后，张金保带领工人搞募捐，组织宣传演出，慰问北伐军，创办工人夜校，组织劳动童子团，发动中下层女青年剪发放足，一心扑在工会工作上。

1927年3月8日，汉口市召开三八妇女节庆祝大会。

参加革命不久的张金保，第一次参加这种规模的会议，那么大的会场，那么多的人，自己政治、文化水平又很低，与会者中也找不到熟悉的脸，她紧张得手脚都无处可放了。万一领导让自己代表女工发表意见该怎么办呢？她心里忐忑不安。

这时，作为大会主席团成员的向警予，从参加大会的80多名代表中发现了神情胆怯的张金保。

"你是女工代表吗？你叫什么名字？对发下来的文件和决议有什么看法吗？"向警予来到她的身边。

面对向警予一连串关切的询问，张金保感到一股暖流流遍了全身。她一一作答之后，便向这位热心的女代表坦露了自己心情紧张的原因。

向警予听后大大方方地坐到了她的身边，微笑着对她说：

"没关系，谁都有第一次的时候。你看，你现在是代表着千千万万的织布女工来参加会议的！"

张金保感激地望着她，慢慢提出了自己想要知道的问题。

在向警予的帮助与指点下，张金保渐渐平静了，心情放松了许多。那天，她站在主席台上，代表省总工会发表了讲话，她洪亮的声音、神采奕奕的表情，受到了与会妇女们一致赞扬。当天晚上，一位国际妇女会的代表，送给她一面大红绸旗。

后来，向警予常常找张金保谈话，给她讲党的文件和决议，讲党的组织原则和民主集中制。这对张金保来说，似乎是为她打开了思想上的窗口，给她很大的帮助与启发。在生活上，向警予也十分照顾她，对她就像亲姐妹一样，这种无私的友爱令张金保感动万分。

汪精卫在武汉叛变革命后，中共硚口区委安排张金保回泰安纱厂隐蔽。此时已停业的工人有两个月没有领到遣散费，当张金保获知泰安纱厂停业时将全部遣散费交给武汉政府外交部的情况后，同厂里的党员商定，发动全厂工人将外交部包围了两天，经过激烈的斗争，外交部才答应如数发给工人们遣散费。

不久，张金保按照党组织的安排，到中共湖北省秘密机关驻地武昌后城街32号，以"太太"的身份作为掩护，秘密开展地下活动。

一天，张金保到法租界等地执行任务回来时，发现省委机关附近有一个工贼。她赶紧关上大门，跑到楼上向机关负责人报告了这一情况，大家连忙掩护带有重要文件的机关负责人老黄冲出了包围，张金保和其他6位同志却遭到逮捕。

1927年冬，经过党组织千方百计营救，张金保等人秘密越狱，逃出了虎口。为了保护地下党员的安全，党组织决定将张金保调到向警予手下，和这位在全国颇具影响力的妇女运动领导人一起开展工作。接到指示后，张金保高兴极了！向警予和她说过的每一句话都深深铭刻在她心中，从今天起，她就要和自己钦佩的大姐、老师一同工作、朝夕相处了，她怎能不激动？

那天清晨一起来，张金保早早地按照通知地址找到了向警予的住处。严冬的风打在她的脸上，她穿着一件蓝绸袄，黑布扎脚裤，尽量打扮得不引人注目。她迈着轻快的步伐，恨不得一下子就飞到向大姐身边。

巷子里静悄悄的，张金保慢慢地走到了向警予的住处，正要敲门时，张金保想到警予大姐通常熬夜写文章，这时会不会正在睡觉呢？她举起手又放下了。她决定就在门外等一会儿。

时间不知不觉地过去了半个小时，张金保索性坐在门口前的一根横木桩上，突然巷子口传来一阵嘈杂的喊叫声，她警惕地站起身来，向着那边望了一望。她正在犹豫是不是要走开时，门开了。

"啊，是金保同志，快进来！"一只手把她拉了进去。

"向大姐，真的是你啊！"金保眼圈一红，哽咽地说不出话来。

"快，进屋说话。"向警予拉着她的手说。

得知张金保从此就要和自己一起开展革命工作时，向警予很高兴："好啊，我这儿正缺一位能干的、有经验的干将呢，欢迎你啊！"

从此以后，张金保便一直在向警予的领导下开展秘密的地下工作。

张金保如约来到向警予家中商量工人运动。张金保见到向警予一身平时的打扮，担心地提醒她道："警予同志，现在街上的人都是一身的新衣服，你这样子出去是很危险的，很容易被发现，还是换件衣服吧。"

向警予哪有什么新衣服可换，她的钱全部都当做工人活动的经费花出去了，哪里还有钱买新衣服。她整理了一下自己的衣服，说：

"不要紧的，只要没有叛徒出卖我，我是不会被敌人抓住的。"

张金保这时说："宋若林为什么这些天就突然消失了呢？会不会被抓起来了？"

向警予充满希望地说道："但愿他不会出事，这是考验一个共产党员是否意志坚定的时刻，我希望即使他被捕，也能够保持一个共产党员的气节。"

第二天是大年初一，一大早向警予和张金保来到了华康街的萧家，一位年轻的同志接待了她们。

向警予沉着冷静地布置着下一步的工作，同志们认真地听着她的指示。这时向警予的肚子咕噜咕噜地叫了起来，她不好意思地笑了笑说："让大家笑话了，我这不争气的肚子，它一天一夜没有吃东西了。"

年轻的同志赶紧拿出几根油条，关切地说："警予同志，赶紧垫垫肚子吧。"

向警予一边吃，一边说："这不算什么，这点儿苦都吃不了，那还干什么革命？敌人猖狂不了多久，相信在过一些时候，我们的同志们就能恢复工作，我们要有信心！"

向警予的话好像黑暗里的明灯，照耀在每一个人的心中，让在场的同志们很是振奋，他们的身上好像立刻增添了无穷的力量。

可是谁也没想到，就在向警予离开萧家不久，几个特务冲了进去，带走了刚刚接头的青年，还没来得及将被捕的消息传递给向警予，这名青年便被特务杀害了。

听到这个消息，向警予紧紧地咬着牙，柔弱的身躯忍不住颤抖着："又一名同志牺牲了，看来我们内部真的出了叛徒，金保同志，这两天我们都不要轻易行动了，先把机密文件全部销毁，做好一切准备。"

向警予所说的话暗含了做好牺牲的准备。在这样残酷的环境下，她早已将自己的生死置之度外。在这样一个全家欢聚的日子里那么多同志英勇牺牲了，向警予坚定地告诉自己：这条用鲜血铺出的道路一定会通往胜利的，要踏着这条路不断前进，顽强地与敌人斗争到底！

二十、不幸被捕的噩耗

在大革命的洪流中，有中流砥柱的真正革命者，也有贪生怕死的懦夫。一小撮叛徒，就像大浪中混杂的泥沙泛起的沉渣。地下交通员宋若林就是这样一个可耻的叛徒。

宋若林的家在湖南浏阳，父亲是大地主、清乡团的头目。北伐战争前，他来到武昌旅鄂中学，并混进了革命党。北伐军攻入武昌，他还带领学生队伍，到驻地慰问伤病员。但是，"七一五"汪精卫叛变革命后，他吓破了胆儿，连忙跑回了湖南老家，不想再干革命了。后来，父亲给他弄了一个身份，要他回武昌拿行李。在岳阳碰见了同班同学黄五一。黄五一这个时候担任湖北省委常委、工委书记，他劝宋若林跟他一起参加地下活动。宋若林勉强同意了，跟着黄五一住在汉口海寿里。

黄五一领导了一个地下支部，共有7名党员，负责联络和组织工人运动，宋若林在其中担任交通员。

这些天向警予一直有种不祥的预感，担任地下交通员的宋若林已经好几天没跟她联系了。黄五一他们与向警予约定，每到星期天的黄昏时刻，由交通员宋若林和向警予会面，会面的地点是巷口的一棵柳树下。向警予负责传递党的最新指标，宋若林再把他们活动的一些情况反映给上一级党组织，有时候也由他派送《长江》需要的稿件。可是这两个星期，每次到了约定的时间，向警予总是等不来宋若林，她觉察到宋若林有可能出事了。

这天，向警予打开门，仔细地观望了一下周围的情况，确定没有人盯梢，挂上门闩，将窗帘拉得严丝合缝，转过身一脸严肃地对陈恒乔说："宋若林已经有两个星期没露面了，我担心他有可能已经被捕了。现在我们的处境越来越危险，为了保险起见，我们必须做好万无一失的准备，先把那些重要的文件烧掉。"

陈恒乔点点头，将那些她们掩藏好的文件一一取出，再将一个小火盆点燃，黑黑的屋子里立刻有了一小簇火光，焚烧的烟灰升腾而起，小屋子里弥漫着一种紧张的气氛。向警予一页一页地将文件撕开，然后放进火盆仔细焚烧。不能给敌人留下任何蛛丝马迹。望着那一摞摞心爱的书籍，向警予的心在滴血。那些曾经给过她无穷力量的书籍，那些一字一句凝结着她心血的稿件，此刻却都要付之一炬了。

陈恒乔拿起手边的一摞稿件，刚要放进火堆，仔细一看，立刻收了回来。向警予抬头望了望，说："怎么了？别停啊，抓紧时间。"

陈恒乔摇了摇头，说："向大姐，这份能不能不烧？这是您冒着生命危险取回来材料写的稿件，还没来得及发表呢，那么多工人和党员们还没有看到这篇战斗檄文，这样烧掉，我实在不忍心啊！"

向警予握住她的手，看着她的眼睛说："这些材料虽然来之不易，但是现在的情况危急，我们不得不放弃它们，只有这样才能不被敌人找到证据，才能保护我们的同志。稿子大家还没看到确实可惜，不过只要有机会，我还会写，不怕大家看不到。"

陈恒乔点点头，她透过微暗的火光，看见了向警予那张坚毅、刚强的面孔，这面孔是那样的镇定、那样的冷静。

很快，机密文件全部被烧掉了，向警予在黑暗中对陈恒乔说："打起精神来，这些东西虽然被烧掉了，但是它们却装在我们心中。我们要对党有信心，无论什么时候都不要放弃我们的理想。"

陈恒乔摸索着握住向警予的手，坚定地说："向大姐，你放心，我一定将党的纲领铭记在心，不论处境多么艰难、多么危险，我也绝不会放弃我的信仰，为了我们的党和人民，为了我们的国家，我要和敌人战斗到底！"

不久，黄五一被捕了。宋若林和同一个党支部的唐才佳，慌慌张张地转移到另一个旅社，准备到湖南去，因为没有路费，暂时留在了汉口。

原来，黄五一被捕之前，曾经要宋若林经常到东方旅社走一走，看旅客牌子上面有没有夏明这个人。

夏明就是夏明翰，是中央派到湖北担任省委常委的。宋若林和唐才佳跑到东方旅社，见到旅客牌子上果然有夏明这个人，忙告诉他黄五一被捕了，并向夏明翰要了一些钱，离开了旅社。他们两个来到了码头，结果被敌人发现，全部被捕。

正如向警予事前估计的那样，宋若林已经被关押进敌人的牢房。地下机关被破坏后，部分同志被捕，剩下的同志想办法撤离。宋若林本来就是个胆小的人，经不住严刑拷打，叛变了，他出卖的第一个同志就是夏明翰。

夏明翰来到汉口，到处打听地下省委的同志。有一天，他找到谢觉哉的住处，对谢觉哉说："省委机关多被破坏，有许多同志都下落不明，我要找到他们。"

谢觉哉马上警惕起来："不可以，太危险了，马上搬走。"

但是，夏明翰还没来得及搬走，由于宋若林的告密，3月18日被捕，3月20日被杀害，年仅28岁。

夏明翰是个意志坚定的共产党员，他拒绝向敌人提供任何信息。敌人因为没有从夏明翰口中得到任何有价值的口供，丧心病狂地将夏明翰杀害了。牺牲前，夏明翰还写了一首诗："砍头不要紧，只要主义真。杀了夏明翰，还有后来人。"

由于宋若林这个可耻的叛徒，夏明翰同志就这样被捕牺牲了。敌人为这"不小的胜利"而更加疯狂起来。他们派出了大批的特务、暗探和流氓打手，大肆捕杀共产党人。"向警予"这个名字在敌人那里早已是如雷贯耳了，于是，敌人千方百计地打听向警予的住处。

就在夏明翰牺牲的时刻，刽子手把宋若林押到刑场陪斩。宋若林吓得缩成一团，魂不附体。这个卑微的小人便向敌人交代了向警予的住址，向警予也被他出卖了。

1928年3月20日，宋若林带领着一群武装匪徒冲进了向警予居住的小楼。对敌人突如其来的"造访"向警予早就有了准备。

　　家门被敌人一脚踹开，一群全副武装的人凶恶地冲了进来，向警予镇定地坐在桌子前，她一眼便看见了躲在敌人身后的宋若林，顿时怒火中烧。

　　宋若林用手指着向警予说："就是她，她就是向警予。"

　　陈恒乔怒斥道："宋若林你这个叛徒、懦夫。"

　　领头的一个满脸横肉的男人气势汹汹地问道："你就是夏易氏？"这是向警予的化名。

　　向警予挺胸抬头，回答道："是又怎样？"她知道宋若林早已把所有的事情向敌人交代了，没有再隐瞒的必要。

　　特务头子没想到，眼前这个看似柔弱的女子说起话来却铿锵有力，看她衣着朴素，面色苍白，怎么看也不像是个大名鼎鼎的共产党员。他换上了一副伪善的面孔，干笑着走近了向警予和陈恒乔："夏易氏，其实并没有什么大事，只是请你们和我们走一趟，问清楚一些事情再把你们送回来。"

　　向警予轻蔑地看了他一眼，高昂起头，没有回话。

　　向警予无所畏惧的表情激怒了他，他大吼一声："给我搜！"

　　十几个特务四散开来，翻箱倒柜开始搜查，柜子缝里、床板，每一个角落都不放过，就连向警予和陈恒乔的被褥和衣服都被他们撕扯开来。

　　待他们搜完之后，房间里已是一片狼藉，桌子、椅子全部被砸烂，窗帘被褥也被撕成了一片一片的。匪徒们一个个累得气喘吁吁，汗流浃背，可他们一无所获。

　　特务头子立刻换了一副嘴脸，阴森森地笑着说："夏易氏，你最好放明白点儿，把那些文件、名单都交出来。我们是不会为难女人的。"

　　向警予狠狠地瞪了他们一眼，她扭过头去，没有理他。

　　最后，匪徒们将向警予和陈恒乔两个人押送到法国巡捕房的拘留所里。

　　第二天，汉口《民国日报》、北京《晨报》、上海《民国日报》《时报》《申报》都报道了向警予被捕的消息。上海的《申报》还把

"拿获共产党要犯向警予"的消息作为国内要闻进行了报道。

当向警予被捕后，这个不幸的消息立马传遍了整个中国。消息传到老家后，刘昂一下子惊呆了，舅母怎么可能会被捕呢？

刘昂是蔡和森的姐姐蔡庆熙的女儿。她生长在一个革命的家庭，舅舅蔡和森与姨母蔡畅在她幼年的时候就投身革命，外婆葛健豪在1920年还曾"将来为国振兴实业教育"而同儿女赴法勤工俭学。母亲虽然没有承担什么社会职务，却也是全力赞同与支持着中国共产党的民族解放大业。在这样一个新型的革命家庭中，刘昂最敬佩的人就是舅母向警予。

在刘昂的印象中，舅母首先是一个美丽可亲的女人。她记得，舅母总是穿很朴素的衣服和深色的布裙，平实、简朴的装扮并不能遮掩住舅母那内外合一的俊秀。她说起话来是那样的温柔而又得体大方，仿佛小河流水一般亲切动人。刘昂小时候就想，见过舅母的人一定都会喜欢她的。

稍大些的时候，在社会潮流的影响下，在革命家庭的熏陶下，刘昂也开始向往着革命，憧憬着祖国美好的将来。这时候，向警予在一次谈话中给了她极大的教育和鼓舞。

那是1924年5月，向警予在长沙湘雅医院刚生下儿子蔡博，一家好几口人都和蔡母葛健豪住在一起。蔡母当时在颜子庙任平民女子职业学校的校长，薪水微薄，家境困难，因此全家只能租住在一间房子里面。

向警予和蔡和森总是很忙，除了和当地党组织研究工作外，还要看书、写文章，抽空他们还要给家里人讲革命形势。

刘昂最爱听舅母和舅舅谈话。她觉得他们两个人懂得真多，见识真广，连国际上的事情都一清二楚。

有一天晚上，月亮特别好，全家人坐在一起聊天。

向警予满怀歉疚之情对大姐蔡庆熙说："姐姐，真是麻烦你了，蔡博就要托付给你了。"

蔡庆熙说："没关系的，为了你们能够安心革命，这些事情我可以做。"

　　这时，蔡母对向警予说："你们这么做是对的。可是，现在旧政府有权有势，你们怎么才能把他们推翻呢？"

　　向警予见婆婆这么关心革命的前途，心里很是感动，郑重地回答："正是因为旧政府有权有势，才需要我们很好地多做工作。我们要宣传革命，要发动工农大众，要让千百万的人都知道，只有共产主义才能改造中国，只有革命这一条路才能挽救中国。我们的信念是坚定的，别看我们现在人少，贫苦大众是多数的，只要大多数人都懂得解放，我们的事业就能成功。"

　　刘昂听得非常入神，她第一次发现，外表柔弱的舅母说起话来竟会有如此强大的力量。向警予继续说道："母亲，你不是知道的吗？新民学会那一阵子就我们几个人，现在有了我们的党，人就变得多了起来。往后，懂得革命、参加革命的人会越来越多的，那到时候反动派就无处藏身了。只是我们现在的工作做得还不够成熟，还没有使全体受苦的大众都觉悟起来，因为她们的力量是无穷无尽的。这就要求我们英勇奋斗，争取这一天早日到来。"

　　葛健豪听了向警予的话，十分高兴地说："我希望，在我活着的时候就能看到你们事业的成功。"

　　这次的谈话，给当时只有十几岁的刘昂留下了深刻的印象。这是多么令人难忘的一个夜晚啊，她从向警予的谈话中学到了当时在学校学不到的知识，令她感到无比的鼓舞和振奋。多年之后，每当她在人生的道路上遇到挫折和困难，刘昂一想起舅母当年的这段话，便使她重新鼓舞了希望和勇气。

　　在这次谈话之后，向警予就离开了长沙。临走之前，向警予依依不舍地与亲人们道别，还特地把刘昂叫过来，递给她一本书，嘱咐道："昂昂，这本《社会进化史》是你舅舅撰写的，送给你，你现在应该可以读懂了，希望你好好学习，将来长大后为受苦的大众们谋求解放。"

　　说话间，刘昂发现，此刻舅母的眼睛是那么的明亮，好像闪烁着无限的希望。

向警予在刚刚进入这个革命家庭的时候，就开始热切地关怀着刘昂的成长。

早在1920年6月，向警予给国内任教的任培道写信，嘱托她来法国留学的时候一定要记得带刘昂一起来。但后来由于没有路费，未能成行。向警予一直很遗憾，因为她希望刘昂也能来法国，感受一下革命的热情，学习一些有用的知识。

后来，由于革命工作繁忙，向警予很少再和家人联络，但她没有忘记常常给刘昂写信，询问她的学习和思想状况。

刘昂记得，最后一次见到舅母向警予，是在1927年6月。当时正是"马日事变"之后，革命形势一天天逆转，情况一天天恶化，蔡母葛健豪的家也被抄了。于是，蔡母就带着刘昂来到了武汉，在当时担任湖北省妇女部部长的蔡畅那里住了一段时间。不久，武汉形势也紧张起来了，蔡母又带着刘昂去了湖南永丰老家。临行前，刘昂见到了到车站送行的向警予。

舅母又消瘦了许多，但眼睛却依然明亮。她紧紧拉着刘昂的双手，意味深长地说："昂昂，你记住了，今天的朋友，明天可能就是你的敌人！"

当时刘昂并不能完全理解舅母说的话所隐藏的深意，她只是似懂非懂地点了点头。

不久，以汪精卫为首的武汉国民政府于1927年7月15日发动了反革命政变，昨天笑脸相迎的"朋友"今日果真成了敌人。这时候，刘昂才体会到，舅母那敏锐的眼光和坚定的无产阶级立场是多么可贵。

现在刘昂知道舅母被捕了，她是多么想去看看舅母啊。但是外婆考虑到情况不明而没有同意，她只好忍痛打消了探监的念头。

向警予被捕后，蔡和森正在上海，得知这个不幸的消息，他曾竭尽全力去想办法营救，但是都失败了。

有几个留法时的女同学曾到监狱探望过向警予。大家出于同学的友情，对她的生死很是关心，而她却态度自然，若无其事，大家着急地说："警予，你疯了，这是你的生死大事，怎么能毫不在乎？"

向警予冷静地回道："我是不会在乎的，死有什么可怕的？我早就决定为共产主义牺牲，视死如归。人生价值的大小是以人们对于社会贡献的大小而判定的。"

虽然国民党反动派把逮捕向警予作为重大胜利，在新闻界进行大肆地宣传，妄图以此打击共产党人和革命群众的斗志，但是他们彻底地错了，共产党人的意志是打不垮的。

二十一、坚贞不屈的忠诚

武汉的早春，春寒料峭。而在法国巡捕房由钢筋和水泥构建成的拘留所中，冷森森的大铁门和永远射不进来阳光的小窗户相映衬，更加让人感到阴冷不堪。

巡捕房拘留所在巡捕房右边，是一间单独的房子，外面一大间，进去是一条小弄堂，两排牢房相对，每排三间，都有小铁门。向警予和陈恒乔被关在右排第一间。

牢房里面阴暗潮湿，透着丝丝寒气。向警予和陈恒乔身上只穿了一件薄棉袍，白天尚且可以蜷缩着取暖，可是一到晚上，寒气逼人，她们只能将捕房发的4条破烂的棉毯裹在身上，用自己的鞋做枕头。为了不至于冻坏，两个人就相拥躺在冰冷的地上，可还是冻得浑身发抖。但是陈恒乔觉得自己仿佛获得了许多与敌人斗争的力量，因为，向大姐那颗火热、执着的心，一直在向她传递着无尽的温暖。

向警予时常搂着陈恒乔冻得发抖的身体说："恒乔，你怪不怪大姐连累了你？"

陈恒乔摇了摇头说："当然不会，向大姐，我知道你不离开武汉是为了保全更多的同志，我要与你共患难。"

向警予点点头说："说得对，牺牲我一个能换来同志和党组织的安全，是值得的。"

陈恒乔眼里早已满是泪水，她佩服向警予的勇气，更舍不得离开这样一位好大姐，她坚定地说："对。向大姐，我们的牺牲是值得的。"

向警予微笑着说："不论敌人对我们施以怎样的手段，都不会把我们吓倒，人早晚都要死的，为了党、为了人民而死，是光荣的！"

向警予积极乐观的精神再一次鼓舞了陈恒乔，让她能够在危险与困苦中继续坚持下去。

被关押的第二天上午，巡捕房提审了向警予，法国人用蹩脚的中文问道："你是夏易氏吗？你是共党分子？"

向警予不屑一顾地反问道："这里是中国人的领土，你们有什么权力在我们的领土上抓人审讯？"

法国人用傲慢的语气说："这里是法租界，我们法国人当然能在这里行使一切权力。"

"哼。"向警予气愤地打断，"先生，恐怕您比我更加清楚贵国是用什么手段得到这些权力的。我想你们一定是把法国大革命的历史全忘记了吧，你们法国人不是标榜自由、平等、博爱吗？不是说信仰自由吗？既然如此，为何又来干涉我们的自由呢？"

法国人被向警予问得张口结舌，只好将向警予带回了牢房。接下来的几天里，向警予被反复审问，但敌人依然问不出任何有用的信息。又过了几天，敌人便不再审问她，也不拷打她了，只是把向警予和陈恒乔关在这个小屋里面，用饥饿和寒冷来折磨她们。

这天晚上，向警予又和陈恒乔谈起了生死问题。

年轻的陈恒乔从向警予的怀中抬起头来，她轻轻地问："向大姐，你说敌人到最后会把我们怎么样啊？她们会杀死我们吗？"

向警予看着二十多岁的陈恒乔，伸出手抚摸着她的秀发微微地笑了一下："人都应该珍惜自己的生命，然而到了不能珍惜的时候，就要勇敢地去牺牲。人固有一死，或重于泰山，或轻于鸿毛。死就要死得明白，为革命、为人民而死是光荣的！"

说到这，向警予从贴身的口袋里面取出一张照片："这就是我的女儿和儿子。"泪水顺着向警予苍白的脸流了下来。

旁边的陈恒乔一时被这深沉的母爱感动得热泪盈眶。她从来没有见过向警予流泪，也从来没有见她流露出如此般的温情，这是一位多么无私、多么伟大的母亲啊！

这时的向警予，已经知道自己将来就要为革命事业而牺牲了，因为那些凶狠残暴的反动派是不会容忍自己这个在工作中如此活跃的共产党员。于是，向警予擦干眼泪，深情严肃地直视着陈恒乔说："小妹，你要记住，无论敌人问你什么，你都要镇定，不要乱说话，我们俩的口径一定要保持一致。你就说你跟我是亲戚，我做过什么工作你一点儿也不知道，这样你就安全了。你出去以后，请你一定帮我转告我的孩子们，就说他们的妈妈是为了革命、为了党的事业而牺牲的，要让他们去继承我的事业，做个对党有贡献的人。"

陈恒乔立刻坐起来，摇摇头说："不，向大姐，我要和你一起与敌人斗争到底。"

向警予起身看了看铁门外的敌人，看守正在呼呼大睡，她低声说："听我的话，敌人现在不知道你的真实身份，只有你出去了才能向组织上报告这里的情况。你这样做才是为党保存革命力量。"

多么诚挚而又无私的共产党员啊！陈恒乔的眼睛渐渐模糊了，她想到也许以后和向大姐再也没有见面的机会了，想到这陈恒乔忍不住伤心地掉下了泪水。

"小妹，不要哭。我们都要向夏明翰同志学习，你看他在狱中写的诗'只要主义真，自有后来人'，写得多好啊！以后你要是出去了，只有更加努力为党多做些事情。这样，我们为革命、为共产主义事业牺牲的那些同志才能含笑九泉的！"

就在两个人在法国巡捕房中相互支持、相互鼓励的时候，她们并不知道，为了争取向警予这个要犯，法国领事馆和国民党反动派之间发生了一场"外交纠纷"。

武汉司令部为向南京国民党中央政府请功，向法国领事馆要求"引渡"向警予，一度遭到了拒绝。1928年4月12日，法国领事馆迫于国民党政府"收回法租界"的压力，将向警予"引渡"给武汉卫戍司令部。

　　国民党政府的牢房环境更加恶劣。牢房阴森寒冷，臭气熏人，地板上臭虫、虱子成群，关押在这里的人每天喝的是半开的凉水，吃的是发霉的饭菜。但是，向警予却依然保持积极乐观的态度。她每天都按时起床，背诵古诗，做早操。她还和狱友们进行交流，在相互沟通的基础上向她们宣传革命道理，帮助、鼓励她们同国民党反动派作斗争。她常常说：革命者应该鞠躬尽瘁，死而后已！只要一息尚存，就得努力工作。不论她走到哪里，总能用生动的语言激发大家的斗志。大家都很喜欢她，在她的带领下大家的精神也振作了起来。

　　她是这样说的，也是这样做的。面对反动派敌人，向警予表现出一个共产党员的铮铮铁骨和耿耿忠心。

　　向警予在狱中想了很多，回忆这一生，她无怨无悔：从一个激情满怀的学子，到一个教育救国的教师，再在蔡和森、毛泽东的引领下走上革命道路，最终求到了真心得，做成了真事业……这一幕的一幕，都清晰地闪现在脑海中。她是多么想把这些都记下来，为党留下一些革命斗争的史料，但是这部自传始终是未能动笔。她心想万一手稿带不出去，落入敌人的手中，就会暴露党的秘密。她坚信，共产党员是杀不尽的，党的斗争史会留在同志们的心中。这部写在她心里的传记，终究会有一天，自己的儿女、挚友会帮自己完成的。

　　被关押了几天后，反动派派了个说客来劝说向警予放弃原则，供出党的地下工作者的名单。这是一副笑面虎的嘴脸，向警予看着就觉得无比恶心。说客软硬兼施，他先摆出一副友善的面孔，对向警予说："夏易氏，你不要紧张，我是帮助你的，看看这拘留所，又黑又湿又臭，以你今日的身份地位，住在这里确实是委屈你了。"

　　向警予瞪了他一眼，没有吭声。

　　说客见向警予不反驳，以为自己的"关心"起了作用，接着说："你放心，只要你配合我们的工作，把该讲清楚的都讲清楚，我保证你能够离开这里，锦衣玉食都是你的，我们给出的条件非常优厚的。"

"呸！"向警予吐出胸中一口恶气，怒吼，"滚出去！"

说客依旧是一脸奸诈的笑容，口气却变得恶狠狠的："好，敬酒不吃吃罚酒，那我们就不客气了。"他转身向身后的几个匪徒一挥手，立刻上来了两个人，将向警予押送到了审讯室里。

这是一间令人毛骨悚然的房子，整个屋子戒备森严，屋子的四周摆满了各种残酷的刑具，让人不寒而栗。

敌人问："夏易氏，你知道你犯了什么罪吗？"

向警予冷笑一声："不知道。"

"夏易氏，你的身份我们都已经知道了，你就别再隐瞒了，现在你不承认也没关系，眼前摆在你面前的只有两条路，是生是死你自己选择吧。"

向警予凛然地说道："废话少说，不要在白费力气了，你们有什么手段尽管使出来吧！要杀就杀，至于我是谁，这都不重要了，横竖你们都是屠杀人民的刽子手，革命者是不会在你们的屠刀下求生的，等着吧，你们的末日就在明天！"

审问者吃了一惊，一般的女人看到房间里的这些刑具早已吓倒了，眼前这个女人不简单啊。他们气急败坏地说："好，我倒要试试你这把骨头有多硬！"

敌人使尽酷刑，坚强的向警予一声不吭，三四个小时的折磨后，向警予浑身被打得皮开肉绽，昏死过去。敌人将她拖回了牢房。

同伴们看见向警予被扔到冰冷的地上，赶紧上前将她扶起来，关切地问："大姐你怎么样？"有人给她递上一碗水，她轻轻摇了摇头，用舌头舔了舔嘴角流下的鲜血，对同志们说："大家不要放弃，反动派的日子长不了。这一点儿皮肉之苦不要紧，重要的是我们意志要坚定，坚决不能让敌人打垮。他们嚣张不了多久，胜利的曙光就在前面。"

深夜了，狱友们都已经沉沉地睡去，向警予面壁而坐，又掏出藏在裤兜里的照片。铁窗外的月光投射进来，隐隐约约的光线下，依稀可见两个乖巧可爱的孩童那顽皮的笑容。向警予时而紧贴面颊，时而放在唇边亲吻。她对着照片上的孩子反反复复地说："妮妮，博博，妈妈好想你们，你们听见妈妈叫你们了吗？"说着说着，她的声音就会哽咽……敌人残酷的刑具都没有让她发出任何声音，可面对自己日思夜想的孩子，她感情的闸门却再也合不住了。

第二次审讯，向警予身上的旧伤还没有好，她拖着肿痛的双腿一步一挪地到了审讯室，敌人还是装出一副和善的面孔，说："我们已经知道你是向警予，你的大名在武汉三镇无人不知无人不晓，你是中国了不起的妇女，这一点我们也深感佩服。不过，你走上了一条错误的道路，好好想想吧。"

敌人的阴谋不但没有得逞反而碰了一鼻子灰，他们将全部的怒气发泄在了这个意志坚强身体柔弱的女子身上，这一次，他们动用了更残酷的刑具，向警予还是硬挺着一声不吭，终于，她支撑不住，又晕了过去。

向警予再次被扔进了牢房，狱友们看她已经被折磨得不成样子，有的偷偷哭了起来。渐渐苏醒的向警予没有说话的力气了，她抬了抬手，示意大家不要哭。她用尽最后一丝力气对身边的人说："我剩下的日子不多了，无论我将要发生什么事，你们都要坚持；要为了自己的理想、为共产主义事业而奋斗！"

与此同时，敌人审问了陈恒乔，打算从她身上寻找突破口："你和夏易氏是什么关系？"

"她是我的救命恩人，我家遭遇了灾难，就想到汉口来找份工作，但是身上又没有钱，就沿路乞讨，那时我已经又病又饿，眼看着就不行了，夏大姐看我可怜，就把我带回了家，给了我口饭吃。"陈恒乔说到动情处，就哭了起来，让敌人信以为真了。

"那你知道谁是向警予吗？"敌法官严厉地喊道。

这一声把陈恒乔"吓"得直哆嗦："向警予，我不知道，我都没听说过这个名字。"

"夏易氏就是向警予。"

"我真不知道，我就只知道夏大姐救了我的命，我要报答她。"

"经常到你们那去的都有些什么人。"

"都是夏大姐的老乡。"

"她是个共产党员，你们家就是共产党的联络点。"

陈恒乔装作一副很害怕的样子："共产党？怎么可能？夏大姐人这么好，不会是共产党的！"

敌法官听完后很是吃惊："那你说共产党都是一些什么人？"

陈恒乔很害怕地说："我从老家来的时候，我娘就告诉我，共产党都是赤匪，我哥哥就是被这些赤匪打死的，我娘还说了，就算是饿死，也不能和共产党的人有来往。"

敌人审问了陈恒乔一个小时，看着这个外表单纯的姑娘身上也没有什么破绽，就把她押回了牢房。回到牢房以后，陈恒乔就一五一十地把刚才的情形向向警予汇报了。

向警予笑着拉住了陈恒乔的手："好妹妹，你回答得太好了，想不到你会这么沉着、机智，你现在是越来越成熟了。"

陈恒乔听完以后紧紧地抱住了向警予，现在想想刚才那些凶恶的敌人，心中也不惧怕了。

第三次审讯，敌人带来了叛徒宋若林，向警予心头燃起了熊熊怒火，她鄙视地喊道："你这个叛徒，居然有脸来见我，你害得我们牺牲了那么多同志，党和人民是不会放过你的。"

敌人问："她是向警予吗？"

宋若林点点头。

"那你告诉我们她给共产党干过什么。"

"她，她，主编了共产党的地下刊物《长江》，是地下党的联络人……她还组织工人运动……"宋若林结结巴巴地将向警予的工作全部出卖给了敌人。

向警予咬着牙骂道："败类、走狗、叛徒！"

回到牢房，她对狱中的朋友们说："敌人看到我们许多同志都牺牲了，他们在我们身上什么也没有得到。因为我薄有声望，就妄想利诱我，这比用枪杀了我们还可恨，阶级斗争的方式是多种多样的，我们要坚定地和反动派敌人做斗争。"

向警予不屈不挠的精神深深地感染着狱中的每一位朋友,在她的带领下,狱中的朋友们更加振奋起来。虽然向警予每次都面临重刑的拷问,但是对于真正的共产党员来说,这些都无所畏惧,向警予除了怒骂敌人和叛徒之外,一句党的秘密也没有泄露,充分显示了一个优秀共产党员坚定的革命意志和对党的忠诚。

二十二、视死如归的英雄

向警予是一名优秀的共产党员,也是工人们敬爱的领袖,在广大革命群众中影响非常大。在她被捕期间,同志们想了各种办法营救,但是由于敌人戒备森严,都未能成功。面对工人们的愤怒,反动派们害怕了,他们决定选择五一国际劳动节这个特殊的日子杀害向警予,妄图镇压工人们革命的积极性。

就在前一天,卑鄙无耻的国民党反动派突然在全城森严戒备,处处设置了关卡,甚至连商店都不许开门。工人们知道,反动派就要对他们敬爱的领袖下手了,看来,正在准备的大劫狱也是不可能的事情了。工人们回想起向警予的平易近人的形象,回想起向警予在他们中间的每一件小事,心中便激起了愤恨。

1928年5月1日,武汉城上空弥漫着一股阴森恐怖的气氛。从监狱通往刑场的道路上,国民党反动派派重兵把守,交通因此而阻塞。警戒线两旁,人头攒动,这里有化装成市民的共产党员,有长期参加革命运动的工人同志,有正在读书的学生,还有许许多多普普通通的老百姓……他们怀着无比悲痛的心情默默地注视着这条通向死亡的道路,许多人已经开始擦拭脸上的泪水。他们要为这位妇女运动的模范、工人运动的领袖、真正的共产党人送行……

扛着长枪的敌人们驱赶着拥挤的人群,一会儿反动派就要对向警予下毒手了,这条长长的街道会见证反动派的残暴和血腥。

在这个时刻，准备赴刑场的向警予，也在牢房思念着曾与她并肩作战的兄弟姐妹们。

这天早晨，向警予和平常一样早起，她在狭窄的牢房里忍着身体的剧痛做早操，读唐诗。看看窗外的阳光，她知道剩下时间差不多了，便整理了一下自己的衣服。今天她穿着一件油绿色的旗袍。向警予一贯衣着朴素，但是今天的"讲究"不是为了自己，而是因为今天是五一国际劳动节，这是全世界无产阶级共同的节日，是个值得庆祝的节日。绿色是春天的颜色，是生命的颜色。这一身绿色正象征了无产阶级蓬勃向上的生命力。她要用行动告诉敌人，正义必胜，人民必胜，革命者是杀不完的！

她迎着外面微亮的晨光，久久地伫立在那阴森牢房的小窗户下。五一是个多么值得纪念的日子啊。现在，那些一起生活过、战斗过的革命同志们是否跟自己一样在纪念着这个全世界无产阶级的战斗节日？作为一名坚定的共产主义战士，她相信，为工人阶级解放而奋斗甚至牺牲是光荣的，并且在这个特殊的节日里牺牲是更有意义的。

狱友们纷纷趴在牢房的门上，铁门的阻隔只能让她们的身体分离，但是同志们的心却紧紧联系在一起的。向警予转身对狱中的姐妹们说："今天是五一劳动节，是全世界无产阶级战斗的节日。每年的今天，我的内心都十分激动，因为这是我们劳动者自己的节日。他们选择了这一天杀我，是他们恐惧了。今天我就要证明给他们看，无产阶级的力量是多么强大。我们的革命精神永远不会消亡，革命者是杀不完的。就像夏明翰同志写的那些诗句一样：杀了夏明翰，还有后来人！"

突然，牢房的大门"哐当"一声被推开了，一群武装士兵冲进牢房，他们不由分说，给向警予戴上手铐脚镣，大声吼道："向警予，跟我们走！"

向警予脸上十分平静，多日的折磨，让她身上伤痕累累，可是却无法抹去她那从容的气度。向警予整了整自己的衣服，当跨出牢房那一瞬间，她微笑着对姐妹们说："再见了，姐妹们，不要流泪，记住，革命者只流血不流泪！"

大家眼里含着泪水，呼喊着："向大姐，向大姐……"想起向大姐平日里对大家的关心和鼓励，她那平易近人、循循善诱的形象深深刻在大家的脑海里。她们努力地伸直了手臂，想要拉到向警予的手，但是无情的铁门将她们阻拦开了，向警予心中又何尝舍得和这些姐妹分开，她依依不舍地向大家告别，她知道这将是自己此生最后一次"远航"。

一名匪徒用枪顶着她的身体，说："老实点儿，快走。"

向警予甩头愤怒地盯着他，这个匪徒眼里立刻闪过一丝恐惧，他不敢再说话。向警予抬头挺胸，从容地走出了监狱。

街道两旁的人越聚越多，大家挥泪向这位人民英雄告别，人群渐渐变得无法控制。为防止人群冲出来，宪兵和匪徒们组织成人墙，多次鸣枪警告。

向警予最后一次仰头看看湛蓝的天空，看看伸向天空的参天大树，这是一个多么美丽的世界啊！为了换取一个富有自由而又全新的世界去牺牲自己，是多么伟大的事情。她缓缓地停下了脚步，心中感到无比的自豪。

"走，快走！"一个宪兵狠狠地推了她一把。

向警予鄙视地看着他："不用你推我，我自己会走。"

向警予并没有放弃这最后的机会，她用高亢激昂的声音一边走一边演讲着："同志们，国民党反动派的日子不会长久，我们今天的流血和牺牲不会白白浪费，他们的末日很快就要到了！不要害怕，勇敢起来吧同志们，为了我们不再受剥削、不再受压迫，奋起反抗吧！让这些反动派们看看我们共产党人坚定的决心！我们是最有毅力的，是最有骨气的，共产党是杀不完的……"

啪！皮鞭的巨响打断了向警予的话，她被抽打得一个踉跄，后退了几步，但是她丝毫没有畏惧，她瞪着眼睛高声喊：

"打倒帝国主义！"

"打倒国民党反动派！"

"中国共产党万岁!"

…………

瞬时,武汉城里响起了震撼山河的声音。敌人慌了手脚,用皮鞭和警棍狠狠地抽打向警予。他们越是想让她闭嘴,向警予越是要呼喊,她要在自己牺牲前,将反动派丑恶的嘴脸公布于众。

狼狈的国民党反动派几乎控制不住这激愤的场面,为了堵住向警予的嘴,他们把石头塞入了她的口中,还用皮带绑住她的双颊,使她说不出话来。尽管这样,他们还是没有拦住这位革命者,她用喉咙里发出的微弱的声音,低沉地哼起了《国际歌》,鼓舞着旁边的群众。

看到这种情景,人群中有不少人失声痛哭。无数双眼喷射出愤怒的目光,那是人民群众对国民党反动派的反抗。这是多么悲壮的生离死别的场面啊!今天,一个向警予牺牲了,明天,将会有千千万万个向警予站出来,与敌人展开不懈的斗争。

敌人把向警予押到了汉口余记里空坪刑场。一个月以前,敌人刚刚在这里杀害了英勇的共产党员夏明翰;现在,向警予在这浸染着战友鲜血的地方傲然挺立。

行刑前,敌人还是不死心,他们妄图在这最后一刻,用死亡威胁向警予:"向警予,我们再给你最后一次机会,只要你能放弃你的立场,说出名单,我们可以马上放了你。"

向警予轻蔑地摇了摇头,愤怒的目光瞪向敌人。

子弹已经上膛,敌人用发抖的双手端起枪,对准了向警予。向警予坚毅的目光投向了远方……

枪声响起,向警予倒下了。

在向警予倒下的那一刻,无垠的天空西北方向突然闪现出一道长虹,这道长虹从西慢慢向东伸延,把天和地连在了一起,如一座通向理想未来的七彩大桥,成为光明战胜黑暗、文明战胜野蛮、正义战胜邪恶的最耀目的标志。

这位为中国劳动妇女、为工人阶级的解放而奋斗终生的优秀共产党员,含着微笑,英勇就义。

人们记住了这一天，1928年5月1日！一位党的优秀女儿为了共产主义事业，献出了自己年轻的生命。

当天夜里，趁着月黑风高，52岁的海员工人、共产党员陈春和，偷偷地躲过巡逻的巡警，摸到了刑场，用白布将向警予的遗体包好，冒着生命危险将向警予的遗体背上了一条小船，运送到了汉阳，埋葬在龟山下古琴台对面的六角亭边。

她安静地守望在那里，她的精神依旧照耀着中国的革命。然而5月1日的那条长虹正是如向警予一样的成千上万革命英烈们的热血化成的。她鼓舞着一代又一代共产党员和无产阶级的革命者，沿着先烈的足迹勇往直前、不屈不挠地战斗，从胜利走向胜利，直到中国共产党取得了政权，建立了新中国。

33岁的向警予壮烈牺牲了，她牺牲的噩耗震动了全中国，党中央在上海秘密为她举行了隆重的追悼会，党中央的机关刊物《布尔什维克》刊登了悼念向警予烈士的文章。

向警予以忠贞不渝的爱国主义精神、无私无畏的奉献精神、自强不息的进取精神、群策群力的群众精神、亲力亲为的务实精神，光照千秋，永垂不朽。

向警予忠于党、忠于祖国的坚定共产主义信仰，不怕牺牲、不懈奋斗的优秀品德，勤学笃行、求真务实的坚强品质，永远激励着我们不忘初心，坚定理想信念，为实现中华民族伟大复兴而努力奋斗！

附录 向警予生平年表

1895年9月4日，生于湖南省溆浦县一个商人之家。

1903年，进入长兄在县城开创的新式小学，取名"俊贤"，在县城开女子入校读书之先例。

1907年，随母亲去常德大哥工作的地方小住，在大哥的影响下，阅读《民报》《新民丛报》等刊物，开始接触新思潮，关心国事；回溆浦后继续上小学。

1911年，离开家乡，考入常德女子师范学校。

1912年秋，先后在湖南省第一女子师范、周南女校读书，改名为"向警予"，结识蔡和森、毛泽东。

1916年夏，从周南女校毕业后回到溆浦老家，打破"男尊女卑"的传统观念，在县城西街文昌阁创办了男女合校的溆浦小学堂，并担任校长，聘请进步青年任教员。

1919年5月，在五四运动期间向家人宣言决心以身许国，终身不婚。

1919年7月，离开溆浦再赴长沙，到周南女校继续深造，并在《女界钟》上发表战斗檄文，为湖南女界发表演讲。

1919年下半年，在长沙参加了毛泽东、蔡和森等人创办的革命团体新民学会。

1919年10月，和蔡畅等人组织湖南女子留法勤工俭学会，12月25日从上海启程赴法留学，成为湖南女界勤工俭学运动的首创者，并参加了周恩来等组织的留法勤工俭学学生革命团体"工学世界社"。

1920年初，来到巴黎，进入蒙达尼公学，在求学期间努力学习法文，学习马克思主义著作。

1920年5月，和蔡和森在法国蒙达尼举行了简单的婚礼，人称"向蔡同盟"。

1920年7月，与萧子升等人就中国革命应该走哪条道路展开激烈的争辩，坚定支持蔡和森提出的组建中国共产党，实行无产阶级反对资产阶级的革命的主张。

1921年2月，作为勤工俭学的代表来到巴黎，准备向驻法公使提出解决留学生的学费和生活费的问题；2月28日，组织并带领400多名勤工俭学学生在巴黎举行示威游行，迫使驻法公使陈箓接受了谈判条件。

1921年10月18日，蔡和森和100多名学生被法国当局强行遣送回国，向警予也于年底回国。

1922年初，加入中国共产党，成为中国最早的女党员之一。

1922年4月，大女儿蔡妮在上海诞生，为不影响革命工作，女儿被送回湖南由五哥向仙良照看抚养。

1922年7月，在党的二大上当选为候补中央执行委员，担任党中央第一任妇女部长，开始领导中国无产阶级妇女运动。

1922年8月，组织一万多名上海丝厂女工举行罢工，罢工失败后发表《中国妇女运动》一文。

1923年6月，起草的《关于妇女运动的议决案》在中共三大通过，并继续当选为候补中央执行委员，担任中央妇女运动委员会第一任书记。

1924年1月，发动组建"上海丝厂女工协会"，罢工运动取得重大胜利。

1924年4月以后，负责国民党上海执行部妇女部工作，组织妇女运动委员会。

1924年5月，儿子蔡博诞生，由蔡和森的姐姐蔡庆熙照看抚养。

1925年1月，出席中共四大，连任中央妇女部部长；1925年5月，增补为中央局委员、中央执行委员会委员。

1925年5月30日，积极组织和领导上海妇女参加五卅运动。

1925年10月，和蔡和森等人受党的派遣，前往莫斯科东方共产主义者劳动大学学习。

1927年3月，从莫斯科回国，先到广州，后到武汉工作。

1927年4月27日，出席中共五大并参加了大会主席团；会后，分配到武汉市总工会宣传部工作。

1927年7月15日，武汉国民政府发动反革命政变，转入地下，坚持斗争，后调湖北省委工作，任湖北省委机关报《大江报》和党内刊物《长江》主编。

1928年3月20日，因交通员叛变被国民党当局勾结法租界逮捕，面对敌人严刑逼供，大义凛然，坚贞不屈。

1928年5月1日，英勇就义，时年33岁。